U0143213

科技重塑中国

黄庆桥 著

上海交通大学出版社
SHANGHAI JIAO TONG UNIVERSITY PRESS

内容提要

本书聚焦中国重大科技工程，如北斗导航系统、高铁、大飞机等，多维度分析这些领域的发展历程、主要成就和关键节点；聚焦中国科学评价体系中的大事件，揭开其背后鲜为人知的故事，凸显科学评价体系的重要作用；聚焦科学领军人物，如钱学森、李政道、杨振宁、钱三强等，呈现他们为中国科技发展所做出的巨大贡献以及他们身上所体现出来的科学精神。

本书把学术性、思想性和可读性很好地融合在一起，适合对中国科技发展感兴趣的读者阅读，是高校学生理想的励志课外读物，也可以作为党员学习的通俗理论读物。

图书在版编目（CIP）数据

科技重塑中国 / 黄庆桥著. —上海：上海交通大
学出版社，2018（2019 重印）
ISBN 978-7-313-19131-1

Ⅰ.① 科…　Ⅱ.① 黄…　Ⅲ.① 技术革新-研究-中国
Ⅳ.① F124.3

中国版本图书馆 CIP 数据核字（2018）第 047651 号

科技重塑中国

著　　者：黄庆桥			
出版发行：上海交通大学出版社		地　　址：上海市番禺路 951 号
邮政编码：200030		电　　话：021-64071208
印　　制：上海盛通时代印刷有限公司		经　　销：全国新华书店
开　　本：880mm×1230mm　1/32		印　　张：9.875
字　　数：179 千字		
版　　次：2018 年 3 月第 1 版		印　　次：2019 年 7 月第 3 次印刷
书　　号：ISBN 978-7-313-19131-1/F		
定　　价：68.00 元		

序

　　黄庆桥是我们上海交通大学科学史系的博士研究生，勤奋好学，品学俱优。毕业后他继续在学院工作，2012 年科学史系升格为科学史与科学文化研究院，他担任办公室主任。以常理言之，在行政工作中勤勉周到，固不失为美德，但与绝大部分担任行政工作的人相比，黄庆桥的与众不同之处，是他真的仍然醉心于学术。

　　在我近 40 年的学术生涯中，也见过不少号称"双肩挑"的干部，他们虽然主观上确实舍不得放弃学术，但往往在事实上无法真正实现理想的"双肩挑"——和学术追求相比，毕竟行政工作经常更为"刚性"，而一个人的时间精力终归有限，所以许多"双肩挑"的干部实际上难以名副其实。而黄庆桥让周围的人刮目相看的是，他虽然不在嘴上谈论"双肩挑"之类的话题，却在实际上真正做到了理想的"双肩挑",别的先不说,仅每年他发表的 CSSCI 论文,就比学校里许多没有行政职务的专职教师还多!

正因为这一点,在我尸位科学史与科学文化研究院院长的岁月中,我经常说"黄庆桥是青年学者的榜样"。如今他一面仍然承担着大量的行政工作,一面继续在学术上勇猛精进,教学和研究,年年成绩斐然。

数年前,黄庆桥问计于我,说他很想对杨振宁、李政道等著名科学家以及他们和中国当代科学的关系进行一些研究,希望找到比较理想的路径和切入点。我听他陈述了他的初步想法,感觉相当有潜力,就给他提供了一些建议。青年学人和我谈论自己的学术规划并征求我的意见,这样的情形我不时遇到,通常我都会尽量提供我的意见以供参考,但事过境迁之后,往往也就没有下文了。而黄庆桥再次让我感到意外的是,此后他关于钱三强、李政道、杨振宁等科学家的研究论文源源不断发表出来,并且进而扩展到关于"两弹一星"等等方面。他用实际行动证明了,他是真的热爱学术。

2017 年,我应复旦大学出版社之约撰《今天让科学做什么?》一书,邀请了黄庆桥和另一位我的在读博士研究生李月白共同合作。他们两人都很好地完成了各自承担的章节,但是黄庆桥又能锦上添花,从他承担的专题中,多次生发出非常"应时应景"的时评，次第发表在各大媒体上，有力扩大了我们学院乃至上海交通大学的学术影响和社会影响。

此事恰好表现了黄庆桥勤奋的另一个方面——他非常勤奋地进行跨文本写作，在源源不断发表 CSSCI 论文的同时，他还经常在报刊上撰写文章，针对当下的社会热点发表他的见解，本书正是他在这方面的成果集结。书中收集的文章，形式上是适合一般公众阅读的，但因为他有学术研究作为基础，故能说理清晰，言之有物。

中国的科技成就，正在以惊人的规模和速度，源源不断地展现出来。这些成就中，有的和我们日常生活有直接关系，比如已经独步全球的高铁，让我们的出行空前便利；有的虽和我们日常生活没有直接关系，但是经常成为媒体报道中的重要角色，比如中国正在建造的航母；还有的目前尚未和我们日常生活发生密切关系，平时媒体上亮相也不很多，比如中国的"北斗"系统。所有这些，都正在快速改变着中国的国际地位和国际形象，将次第成为中国崛起的助力和标志。这些成就，除了可见的现实意义，还有哪些更为深远的历史意义？这些成就到底达到了怎样的境界？又有哪些人是这些成就的幕后功臣？……所有这些问题，都可以在本书中得到令人满意的答案。

黄庆桥收入本书中的这些文章，先前都曾在各种有影响的媒体上发表。这些文章在媒体上大受欢迎，不是偶然的。除了前面谈到的他醉心于学术和惊人的勤奋，作为他获得科学史博士学位的系和学院的系主任和院长，我可以稍稍自豪地说一句：这也是和他在我们这里所受的优秀学术训练分不开的。

江晓原

2018 年 2 月 12 日

于上海交通大学科学史与科学文化研究院

自　序

改革开放 40 年来，中国取得了令世界瞩目的伟大成就。如何正确认识中国改革开放的发展道路、艰难历程、伟大成就、历史经验等等，不仅是我们每个中国人都关心的，而且是全世界有识之士正在着力探讨的。

无论人们从哪个角度阐释中国成就、中国道路、中国经验、中国模式，都绕不过中国科技的发展与进步。可以说，科技的发展与进步，既是中国崛起的重要表现，也是中国崛起的重要支撑力量；既是一个让国人自豪，让世界惊叹的中国现象，也是一个持续发生日新月异变化的历史过程。也因此可以说，没有科技的发展与进步，就没有今天这样一个欣欣向荣的中国。这是中国发展道路的本真过程。从某种意义上说，是科技重新塑造了中国。

要了解中国科技的发展与进步，理解科技是如何重塑中国的，通常有这么几个进路：一是看数字，也就是看能够体现科技成就的诸多载体的统计数字，比如科技论文的发表数量、科技发明专利的数量、科技人才的数量等等；二是看贡献，也就是看在关系国计民生的某一具体领域或行业的科技成就与实力，比如国防科技实力、各工业（行业）领域科技产品的性能与竞争力等等；三是看原创，也就是看原创性重大科学发现与突破，这方面原是中国的弱项，但近年来已在若干领域取得突破；四是看影响，也就是看中国科技的国际影响力，包括中国科技人才、科技水平、科技产品的国际影响力与竞争力；五是看未来，也就是看中国科技发展潜力，比如体制机制、文化环境等等对科技创新的支持力度等等。只有全方位、多角度了解中国科技的发展状况，才不至于妄自尊大或是妄自菲薄。换句话说，我们既不能因为统计数字上的迅速提高而沾沾自喜，也不能因为某些方面的重大突破而骄傲自满，更不能因为在某些领域的落后和差距而丧失信心。我们要充分认识到中国科技的发展、成长与进步，要理性看待中国科技与世界发达国家的差距，要深入理解中国科技在发展中遇到的困难、矛盾和问题。总之，我们要做中国科技发展的积极促进派、参与者，而不是反对派、旁观者。

本书的内容正是基于上述想法而形成的。近年来，笔者从事中国近现代科学技术史研究。现代科学技术体系经过几百年的发展，已十分庞大，既然要从事历史研究这一行当，就免不了要看很多庞杂材料，以便对近现代科学技术发展有一个整体的把握。此外，近现代科学技术的发展一脉相承，与现实有千丝万缕的联系，这客观上造成了中国近现代史研究者总是具有较强的现实关怀。由此，这就使得本书内容具有以下几个特点：一是广泛性，也就是本书内容涉及中国科学技术发展的诸多方面，尽管不可能面面俱到，但也希望书中的案例能够起到示例的作用；二是历史性，也就是本书内容充满了历史感，笔者试图通过深入历史，以期能够更加深刻地认识中国科学技术的发展；三是时代性，也就是本书内容紧贴中国科技发展的热点和亮点，"文章合为时而著"，笔者试图为观察中国科技新时代提供某种窗口和视角。

如上所述，现代科学技术体系十分庞大，中国科学技术在各个领域迅猛发展，写一本关于中国科技发展本真过程的书，不可能面面俱到，但却可以通过具体的典型案例、事件、人物来进行示例，以便举一反三，触类旁通，寻找共性。正是基于这一考虑，本书尽力做到题材多样，并在此基础上将内容编排为如下三个部分：

第一部分选取了中国目前致力于发展的十项重大科技工程或产业。通过立项重大科技工程，集中人力、物力、财力，实施重点突破，是中国科技事业 40 年来取得历史性成就的基本经验之一，也是社会主义制度集中力量办大事的优势之体现。书中展示的这些重大科技都关系国家安全，关系国计民生，是国家实力的重要标志，是中国崛起并参与国际竞争的必要条件。这些重大科技，有的我们已经取得很大成就，比如核潜艇、载人航天、高铁等，有的我们正在奋力研制，比如芯片、大飞机、"北斗"导航系统、机器人与人工智能等，通过对这些重大科技实例的了解，将有助于我们深入理解中国科技的发展战略、发展水平与发展目标。

第二部分的主题都与科学评价有关。科学技术的健康快速发展涉及方方面面，体制机制、政策法规、社会环境、文化教育等等都会对科学的发展产生影响，而其中的关键是科学评价。对科学成果、科学贡献、科学人才到底该如何评价，科学评价体系本身是否科学和有效，都是当代中国普遍关心的重大现实问题，也是影响科技发展、科技人才培养的重要因素。本书并不是要给出解决科学评价问题的明确答案，而是试图通过对现实问题的分析和具体案例的探讨，激发出某些有益的思考。

第三部分是关于科学精英的专题。发展科学技术，关键在人。没有大量优秀的科技人才队伍，发展科技无异于空中楼阁，痴人说梦。而对于科技工作者群体而言，著名科学家无疑是起着垂范作用的。笔者曾对钱学森、钱三强、李政道、杨振宁等略有研究，他们都是对当代中国科技发展产生重要影响的大科学家。虽然我们多数人可能难以达到他们那样的高度，难以做出他们那样的贡献，但却有必要了解他们，因为他们为中国科技发展所作出的贡献以及他们在科学上所体现出来的某种风范，正是中国科技发展所需要的力量和精神。

感谢上海交通大学讲席教授江晓原先生为本书作序，并为本书之谋篇布局指点迷津；江老师孜孜不倦，佳作迭出，并热心提携后进，实为吾辈之楷模。感谢责编吴雪梅女士为本书的出版所付出的辛劳，雪梅不仅出谋划策，而且做了大量烦琐的工作，体现出一个优秀编辑的专业精神。我的研究生李芳薇同学也为本书的出版多有付出，在此一并致谢。

中国科技发展突飞猛进，凯歌高奏，捷报频传。怎奈笔者学识有限，以一人之力，试图书写中国科技之凯歌，难免会有谬误，敬请读者批评指正。

黄庆桥

2018 年 2 月 26 日

于上海交通大学科学史与科学文化研究院

目　录

科技工程

科学评价

科学精英

科技工程

科·技·重·塑·中·国

中国载人航天事业是在改革开放后发展起来的。在起步阶段的 20 世纪 80 年代，国际上正是航天飞机的全盛时期。然而，中国却选择了宇宙飞船的技术路线。实践证明，这是完全正确的。那么，在这一重大抉择背后，又有怎样鲜为人知的故事呢？

中国为什么没有造航天飞机？

4 月 24 日是中国航天日。众所周知，中国航天事业走的是发射火箭运载宇宙飞船上天的技术路线，成就举世瞩目。如果稍微梳理一下世界航天史的话，我们会发现，美国、俄罗斯（苏联）在 20 世纪五六十年代走的也是宇宙飞船的路子。但是，从 20 世纪 60 年代起，欧美全都放弃了宇宙飞船的技术方案，改为研制并发射航天飞机。到了 20 世纪 80 年代，美国的航天飞机成功上天，傲视全球，震动世界。

接下来就有问题了，中国载人航天工程正是在 20 世纪 80 年代中期起步的，那时恰好是航天飞机大放异彩、最为风光的时候，中国为什么没有受影响研制航天飞机，而选择了"落伍"的宇宙飞船发展道路呢？

鲜为人知的"曙光号"飞船计划

在世界航天发展史上，苏联拔得头筹。苏联不仅于 1957 年 10 月 4 日率先发射了世界上第一颗人造地球卫星"伴侣一号"，掀开人类迈向太空的新篇章，而且于 1961 年 4 月 12 日成功发射世界上第一艘载人飞船，将人类历史上第一位航天员加加林送入了太空，开创了人类进入太空飞行的新纪元。

在当时激烈的太空争霸中，美国似乎处于下风，美国的第一颗人造卫星是在苏联之后的 1958 年 2 月 1 日发射成功的，其第一次载人航天飞行也是在苏联的加加林上天一个月后进行的，而且还没有成功。美国成功进行首次载人航天飞行是在 1962 年的 2 月 20 日，航天员约翰格林被送上太空并停留近 5 小时。而在此之前，苏联人已经于 1961 年 8 月 6 日第二次飞上太空，航天员季托夫在太空中的停留时间超过了 25 小时。

在美苏太空争霸的刺激下，新中国的决策层和科学家也将目光投向了浩瀚的太空。1958 年 5 月，在毛泽东"我们也要搞人造卫星"的号召下，中国人造卫星计划在十分困难的情况下上马了，历经艰难与波折，终于在 1970 年 4 月 24 日成功发射"东方红一号"人造卫星，震惊世界。

在"东方红一号"成功发射之前，载人航天的前期准备工作就已经被纳入了国家的科学规划之中。比如，在人造卫星计划停滞的 20 世纪 60 年代初，探空火箭就被保留了下来，探空火箭的研制任务除了试验火箭本身的性能外，另外一项重要任务就是太空生物试验。在世界航天史上，载人航天总是从动物试飞开始的，美国、苏联都不例外，小狗、兔子和猴子都曾被送上太空。中国的探空火箭就曾在 1966 年 7 月把名为"小豹"的小公狗送上离地面 70 公里的高空，并成功返回。紧接着，又在当年把名为"姗姗"的小母狗送上高空，同样成功收回。

1966 年春，国防科委召开了关于载人航天的论证会，周恩来在听取汇报之后指出：中国在加快人造卫星研制的同时，宇宙飞船的研制工作也应该逐步开展起来。就这样，载人航天计划正式起步。

尽管此研究工作很快就受到"文革"的冲击，但载人航天事业在逆境中不断前进。科研人员参考美国和苏联的各式飞船，最后决定以美国第二代飞船"双子星座号"为蓝本，设计中国第一艘宇宙飞船。1967 年 9 月，经中央专委研究决定，中国第一艘宇宙飞船定名为"曙光-1 号"，钱学森为技术总负责人。1968 年 1 月，钱学森主持召开"中国第一艘载人飞船总体方案设想论证会"，对"曙光-1 号"飞船方案进行全面论证，形成飞船设计的初步方案。

1970 年 4 月 24 日，"东方红一号"人造卫星发射成功。在人造卫星事业取得突破的鼓舞下，国防科委向中央上报了实施载人飞船的方案，报告提出我国第一艘飞船计划于 1973 年年底发射升空。1970 年 7 月 14 日，毛泽东圈阅了这个报告，这样，"曙光–1 号"飞船的研制正式启动，代号"714"工程。

1970 年 11 月，"曙光–1 号"飞船研制任务全面启动。在钱学森的主持下，召开了"曙光–1 号"飞船方案论证会，两百多名专家出席会议，形成了《"曙光号"飞船总体方案》。次年 4 月，又在北京召开了由 400 多名专家参加的讨论会，主题仍是"714"工程。紧接着，空军"宇航员训练筹备组"正式成立，选拔航天员的任务也秘密地迅速启动。当时，航天员被称作宇航员，直到 1992 年统一改称航天员。1 000 多名在全国各地的飞行员奉召参加"体检"，经过严格筛选，只有 19 人成为中国首批航天员候选人。

就在中国载人航天事业紧锣密鼓进行的时候，1971 年 9 月，"九一三事件"发生，"714"工程被暂停，"载人航天的事先暂停一下，先处理好地球上的事，地球以外的事往后放一放。"就这样，"曙光号"飞船被搁浅。

"863"计划与载人航天事业的重启

尽管"曙光号"飞船在 1971 年 9 月被搁浅，但因选拔训练航天员而成立的航天医学工程研究所却在钱学森的力挺下而得以保住，这为日后重启载人航天任务打下了基础。特别是，中国的火箭发射任务在"文革"中受到了特殊保护，研制任务取得长足进展。1980 年 5 月，中国向太平洋海域发射第一枚远程运载火箭，取得成功。1982 年 10 月，中国首次成功进行了潜艇水下发射火箭试验。1984 年 4 月，"长征三号"运载火箭把我国第一颗试验通信卫星送入地球同步转移轨道。这些成功表明，我国运载火箭技术是过硬的，发射宇宙飞船的技术条件已经成熟。

要谈载人航天事业的重启，就不得不谈著名的"863"计划。而"863"计划的诞生，又与当时的国际大背景密切相关。20 世纪 80 年代初，美国总统里根为在美苏争霸中赢得主导权，抛出了一个所谓的"星球大战"计划，直指以航空航天技术为代表的高技术领域。紧接着，欧洲国家抱团，提出了所谓的"尤里卡"计划。邻国日本也跃跃欲试，出台了十年科技振兴计划。一时间，世界主要国家在高技术领域的竞争日趋激烈。

面对国际上高技术的发展和激烈竞争，中国怎么办？有识之士不再被动等待，他们要行动了。1986 年 3 月，王大珩、王淦昌、杨嘉墀、陈芳允四位著名科学家（四人都于 1999 年被授予"两弹一星"元勋）联名上书邓小平，提出了"关于跟踪世界战略性高技术发展"的重要建议。邓小平旋即于 3 月 5 日作出批示："这个建议十分重要……此事宜速作决断，不可拖延。"

于是，一个代号为"863"计划的国家高技术研究发展计划应运而生。可以说，正是"863"计划的横空出世，改变了中国科技发展的徘徊状态，使中国科技发展一下子找到了明确的方向和目标。也可以这么说，"863"计划的出台，是那个时代中国科技发展进程中的一场及时雨。这场雨虽然来得有些晚，但也浇灌了中国科技界干渴的土壤，让中国科技界迅速恢复元气和肥力。

当时的"863"计划涉及生物、信息、航天、激光、自动化、材料、能源七大领域，航天领域的主题包括"大型运载火箭及天地往返运输系统、载人空间站系统及其应用"。这两个系统工程既有联系又有区别，各有各的使命。其中，"大型运载火箭及天地往返运输系统"代号863-204，主要是要解决用什么工具往返于天地之间的问题；"载人空间站系统及其应用"代号863-205，目标明确，就是建设空间站，开展空间科学研究。这样，载人航天工程正式重启。

然而，一场激烈的争论也随之而来。

搞航天飞机还是搞宇宙飞船？

载人航天重启振奋人心，一阵热闹喧哗之后，在具体的方案论证上，技术路线之争开始产生。争论聚焦在代号863-204的"大型运载火箭及天地往返运输系统"这个主题项目上。主要问题是，这个"天地往返运输系统"到底该怎么搞？也就是说，我们要用什么工具往返于天地之间呢？

当时，国际上有先例的"天地往返运输系统"有两种方案：一是飞船；二是航天飞机。如前文所述，无论是苏联还是美国，他们的第一次载人航天之旅，走的都是发射宇宙飞船的技术路线，宇宙飞船方案也臻于成熟，这是没有异议的。但是，美国自20世纪60年代末实现载人登月之后，就放弃了宇宙飞船的研制，转而着重发展航天飞机；苏联也从20世纪60年代起开始研制航天飞机，欧洲也跟风要研制航天飞机，日本甚至把航天飞机的名字都起好了。到了20世纪80年代，各国航天飞机的研制与发射竞争激烈。这一次，美国人一雪前耻，远远走在了苏联人的前面。

1981年4月，美国"哥伦比亚号"航天飞机首飞成功，而苏联的"暴风雪"号航天飞机也于1988年11月首飞成功。整个20世纪80年代，那绝对是航天飞机最耀眼、最光辉的时代。而中国的航天事业，恰在此时起步。那么，我们该走什么样的技术路线呢？在航天飞机大放异彩的时代背景下，"天地往返运输系统"走航天飞机之路的呼声极高。力主航天飞机的意见也很有道理：从飞船到航天飞机是一种技术上的进步；飞船是一次性运载工具，而航天飞机具有重复多次发射等优越性。

正是在这种背景下，竞标"天地往返运输系统"的六种方案中，有五种方案是航天飞机，只有一种方案主张搞宇宙飞船。这种一边倒的意见显然也影响到了高层的决策。1989年8月，航空航天部高技术研究组致函国家航天领导小组办公室，认为"航天飞机方案"大大优于"飞船方案"，指出："载人飞船作为天地往返运输手段已经处于衰退阶段，航天飞机可重复使用，代表了国际航天发展潮流，中国的载人航天应当有一个高起点。搞飞船做一个扔一个，不但不能争光，还会给国家抹黑。"

中国要走航天飞机的技术路线，似乎就要尘埃落定了。然而，峰回路转，钱学森再次在历史发展的关键时刻，扭转了中国载人航天技术路线，真正起到了一言九鼎的作用。

钱学森建议宇宙飞船方案

国家航天领导小组在向中央报告航天飞机方案的同时，也呈送了一份给已退居二线的时任中国科协主席钱学森。钱学森郑重地在报告上写了"应将飞船案也报中央"。就是钱学森的这九个字，迅速改变了几乎已经板上钉钉的航天飞机技术路线。

钱学森是学飞机出身的，他的硕士、博士学位都是研究飞机的，"卡门-钱近似"公式就是著名的飞机理论，在空气动力学领域具有重要地位。作为航空工程出身的专家，钱学森当然清楚航天飞机更先进、可以重复发射等优点，但钱学森也很了解中国国情。航天飞机高度复杂，是由200多万件零件组成的高度复杂的航天器，非当时的中国科技条件所能企及，而且研制航天飞机需要巨额资金。钱学森认为，作为一个发展中国家，中国搞载人航天，还是应该走飞船之路。飞船是一种经济性好、技术难度不大而且很成熟的运输器，中国已经掌握了返回式卫星的回收技术，完全可以用于飞船回收，因此搞飞船是符合中国国情的。

在钱学森的建议下，航空航天部组织了"航天飞机与飞船的比较论证会"，经过思想的碰撞和务实的分析，专家们逐渐取得一致意见，中国的载人航天工程，要从飞船起步！

1990年5月，863-204专家委员会最终确定了"投资小，风险也小，把握较大"的飞船方案。1992年1月，中央专委专门研究我国载人航天重大专项，会议决定："从政治、经济、科技、军事等诸多方面考虑，立即发展我国载人航天是必要的。我国发展载人航天，要从载人飞船起步。"1992年9月，中央政治局常委会会议讨论同意了中央专委《关于开展我国载人飞船工程研制的请示》，正式批准实施我国载人航天工程。中国载人航天工程正式投入研制，直至今日之辉煌。

必须深刻认识到，钱学森的眼光是锐利的。党中央决策搞载人飞船而不是航天飞机，是完全正确的。下面让我们来看看曾经风光一时的航天飞机的下场。

美国每架航天飞机的设计寿命应是20年、100次发射，但美国5架投入使用的航天飞机总共才发射了100多次，每次发射的成本也被实践证明远远高于设计之初。此外，机毁人亡事件的一再发生更是令人惊慌、错愕不已，美国有 14 名航天员在航天飞机失事中丧生。

俄罗斯制造了三架航天飞机，然而仅起飞过一次，因为飞行成本太高，到了 20 世纪 90 年代根本就飞不起来了。

欧洲抱团搞的小型航天飞机，研制方案一变再变，进度一拖再拖，经费一再增加，最后只好下马。

20 世纪末，俄罗斯和欧洲，在技术、安全和经济等多重压力下，航天飞机计划纷纷下马。

进入 21 世纪，曾经不可一世的美国航天飞机也逐渐偃旗息鼓。2004 年，美国总统布什发表演讲，宣布航天飞机在 2010 年停飞。2010 年 9 月，美国航天飞机进行了最后一次飞行。之后，美国的"航天飞机时代"正式结束。笔者对当时万人空巷观看航天飞机落幕表演的电视画面，至今记忆犹新。

回过头来再看中国。在坚定搞宇宙飞船的正确技术路线下，中国的"神州"系列载人飞船接连成功，令世界称赞；而在此基础上的"天宫"空间站、"天舟"货运飞船也相继成功，更是惊艳世界。

中国航天，已后来居上。

中国为什么要独立自主搞"北斗"卫星定位导航系统？一言以蔽之，答案就是六个字：为了国家安全！改革开放以来，中国成功研制并产业化推广了"北斗"卫星定位导航系统。我们必须认识到，这是一个了不起的成就！为什么这么说呢？

中国"北斗"经略的历史与未来

在当今中国，大概多数人都知道 GPS，因为它神通广大的功能应用广泛，比如中国的车主都很喜欢它。但如果你提起"北斗"，知晓的人要少得多。其实，GPS 也好，"北斗"也好，都是利用人造卫星来实现地球表面物体的精确定位，简称卫星定位导航系统。只是 GPS 由美国主导并在全世界用了 20 多年，而"北斗"由中国主导，还在建设完善之中。那么，在人们已经习惯用 GPS 的时候，为什么中国要下大本钱去搞"北斗"呢？

GPS 与海湾战争

1991 年 1 月 17 日，在联合国安理会的授权下，以美国为首的多国部队对伊拉克发起进攻，目的在于恢复科威特的国家主权。这场战争历时 42 天，以伊拉克最终接受联合国 660 号决议并从科威特撤军而结束。

在世界现代史上，海湾战争在政治、经济、军事等多个方面都具有转折性、标志性的历史意义。仅就其军事意义而言，海湾战争的最大特点，就是这场战争是一次高科技之战，GPS 就是最引人注目的技术之一。

海湾战争爆发时，美国 GPS 系统尚在加紧建设中，还未完全建成，但美国军方果断地提前将其投入使用。当时美军的导航卫星，只有 15 颗，每天提供 15 小时的服务。令人惊讶的是，即便是只有 15 颗卫星的还不成熟的 GPS 系统，也显示出强大的威力。在中东的茫茫沙漠中，GPS 为美军提供了精确定位服务，成为美军攻击系统的重要组成部分，极大地提高了美军的作战指挥通讯能力、多兵种协同作战和快速打击能力，大幅度提高了武器装备的打击精度和作战效能。因此，海湾战争之后，美国果断地在世界上第一个用卫星定位导航系统取代陆基导航系统，作为海、陆、空军事力量的主要导航手段。

以 GPS 为代表的高技术在战争中的巨大威力给全世界以巨大的震撼。从战争一开始，军事专家和科学家就开始从不同角度探讨这场战争的转折意义和影响。概而言之，GPS 的实战"首秀"主要有如下深远影响：

首先，卫星的应用价值被重新认识。卫星的诞生，本来是超级大国军事竞赛的产物，从 20 世纪 50 年代末开始，卫星被广泛应用于军事领域，但主要用于通信和联络。后来，卫星的应用扩展至民用领域，在气象、通讯等领域发挥着不可替代的重要作用。但在 20 世纪 90 年代之前，卫星定位导航技术并不成熟，也就谈不上直接用于实战之中了。那个时代，各国的军事与战斗系统的指挥与调动，主要依赖陆基无线电系统。而海湾战争让世人看到，原来卫星竟然有如此巨大的开发潜力，卫星定位导航技术和产品可以直接成为军事系统和尖端武器的重要组成部分，并能大大提高现代军事指挥协调作战能力以及精确打击的能力和效率。

其次，重新燃起大国间的太空竞争。正因为人们认识到卫星定位导航系统所具有的军事价值及其潜在的商业价值，所以海湾战争之后，世界上掀起了新一轮利用外层空间的竞争。不过，一般国家难以做到大批量发射并利用卫星，所以这种竞争主要在大国之间展开。研发属于自己的全球卫星定位导航系统，成为大国的首选目标。作为世界上第一个发射卫星的国家，俄罗斯在继承苏联时期的强大技术力量的基础上，加紧研发格洛纳斯（GLONASS）。西欧诸国尽管与美国保持着很好的关系，但也认识到拥有独立的全球定位导航系统的重要性。他们感到单凭一国之力，无法完成这样的庞大工程，于是，西欧各国联合起来，共同研发名为"伽利略"的全球卫星定位导航系统。

再次，就中国而言，海湾战争对加速中国军事现代化建设具有重要启发意义。仅就卫星技术及其应用而言，早在 20 世纪 80 年代初，以"两弹一星"元勋陈芳允院士为首的科学家团体就提出了双星定位方案，但因经济条件等种种原因被搁置了。而美国 GPS 在海湾战争中的成功应用让中国的决策层深刻意识到，以后打起仗来，没有这东西还真不行。于是，研制属于中国自己的卫星定位导航系统被紧急提上议程并立即启动，几经波折，发展成现在的第二代北斗卫星导航系统。

世界上现有四大卫星定位导航系统

卫星定位导航系统是基于卫星技术的应用成果之一。1957 年 10 月 4 日，苏联发射了世界上第一颗人造地球卫星，开创了人类利用太空的新纪元。有趣的是，尽管苏联是世界上第一个发射卫星的国家，但最先利用卫星进行全球定位导航服务的却是美国。

简单来说，卫星定位导航系统的基本原理，就是测量出已知位置的卫星到用户接收机之间的距离，然后综合多颗卫星的数据，即可知道接收机的具体位置。由于卫星运行轨道、卫星时钟存在误差，大气对流层、电离层对信号的影响，使得卫星定位的精度大为降低，单星定位精度能达数十米量级就已经很不错了。为了提高卫星定位精度，科学家们采用了一种叫作差分定位的技术，建立地面基准站（差分台）进行卫星观测，利用已知的基准站精确坐标，与观测值进行比较，从而得出修正数据，并对外发布。接收机收到该修正数据后，与自身的观测值进行比较，消去大部分误差，得到一个比较准确的位置。利用差分定位技术，定位精度可提高到米级，甚至是厘米级。

为了实现精确定位，除了充分利用差分技术之外，还采取多发射卫星，从而使接收机接收多个卫星信号的办法。比如，美国的 GPS 为提高其定位精度，保证在地球上的任何地方、任何时间，用户都至少可以同时接收到四颗 GPS 卫星的信号，确保实现全球全天候连续的精确定位服务。

卫星定位导航系统并不复杂，经过半个多世纪的发展，卫星发射技术及其利用已臻于成熟。因此，搞卫星定位导航系统，主要问题和障碍并不在技术上。有人要问了，既然如此，那为什么世界上大多数国家却没有自己的卫星定位导航系统呢？为什么这种系统只有少数国家才拥有呢？原因很简单，虽然卫星定位导航系统在科学和技术上并不复杂，但要发射数十颗人造卫星却是一项耗费巨资的庞大工程，一般国家在财力、人力、物力上难以承受。所以，截至目前，全球一共只有四家被联合国认可的全球无线电导航系统，即美国的 GPS、欧洲的伽利略（GALILEO）、俄罗斯的格洛纳斯（GLONASS）和中国北斗（BDS）。也就是说，只有这四大系统有资格为全世界的用户提供卫星定位导航服务。

在这四大系统中，美国的 GPS 因其系统的稳定性和较高的精度受到很多国家的欢迎，目前在国际市场上仍处于垄断地位。美国人在全世界宣传，自己的 GPS 系统是免费使用的，但美国人不是活雷锋，美国的 GPS 系统有军用和民用之别，美国的军用 GPS 精度很高，但开放的民用系统的精度已大为降低。俄罗斯的格洛纳斯主要用于本国，特别是军事领域，在国际市场并无很大的影响力。欧洲的伽利略系统因参与国家众多，虽然立项启动较早，但进展缓慢，国际影响也比较有限。中国的北斗系统近年来异军突起，已深受亚太地区国家的青睐，被视为 GPS 系统最有力的竞争者。

北斗系统的前世与今生

卫星定位导航系统最先用于战争，是现代化军事战斗系统的重要组成部分。如果说中国人从海湾战争中看到了 GPS 在现代战争中的巨大威力，那么 1999 年在南斯拉夫战争期间，中国人则对 GPS 的威力有切肤之痛。那一年的春夏之交，美国综合利用其精确定位和制导技术，对我国驻南斯拉夫大使馆实施了精确打击，震惊世界。

基于精确定位这一核心功能，卫星定位导航系统具有极其广泛的应用领域和难以估量的应用价值。与美国 GPS 首先用于军事系统一样，中国北斗自然也首先用于中国的国防系统。在保证国防需要的前提下，发展北斗的民用功能，则是当前北斗经略的重点之一。正如国务院新闻办于 2016 年 6 月 16 日发布的《中国北斗卫星导航系统》白皮书所指出的那样，"随着北斗系统建设和服务能力的发展，相关产品已广泛应用于交通运输、海洋渔业、水文监测、气象预报、测绘地理信息、森林防火、通信系统、电力调度、救灾减灾、应急搜救等领域，逐步渗透到人类社会生产和人们生活的方方面面，为全球经济和社会发展注入新的活力"。现在的问题，是要解决好"最后一公里"的实际应用问题。

或许有人要问了，美国的 GPS 不仅对全世界开放，而且还是免费使用的，中国还有必要烧钱去做这样一个系统吗？况且我们做的可能还不如美国的 GPS 好，这不是费力不讨好吗？这种观点和思想，在北斗项目启动之初就有人提出过，至今还有不少人以北斗不如 GPS 为由，一再提及这一论调。据说，北斗每次召开新闻发布会，其官方新闻发言人都要回答这个问题，非常无奈。

其实，美国 GPS 免费使用完全是其技术特点决定的。GPS 是单向通信体制，跟广播电视塔类似。比如，广播电视塔只管发射信号，到底有一个收音机听还是一万个收音机听，广播电视塔是不知道的。GPS 系统亦是如此，24 颗工作卫星只管不停地向地面发信号，具体是谁在接收并使用这些信号，它是根本不知情的。既然不知情，那又如何收费呢？而GPS免费，结果则是在全球形成巨大的市场，依托这套系统会产生新的国际性产业，美国本来就是超级大国，GPS免费带来的产业化和商业化显然有利于美国。所以说，美国人并不是活雷锋。

如果我们贪图省事和便宜，在中国的军事系统上安装美国GPS，后果则是灾难性的。这是因为，美国GPS开放的只是民码，定位精度本来就比美国军方使用的军码差很多。更重要的是，万一中国与美国处于战争状态，人家顺手把GPS民码停掉，可是你已经很依赖GPS了，甚至连指南针都丢了，那时可就真的抓瞎了。即便美国不停GPS，但他如果给你发个欺骗码，那么瞄准美国的导弹就可能飞到自家阵地上，这就更可怕了！即便是民码，咱们也不能只依赖美国的GPS，谁能保证美国未来不在GPS的使用上设置障碍？一旦与美国关系紧张，谁能保证美国不在GPS的利用上刁难咱们？谁能保证美国不会利用GPS搜集情报、窃取商业机密？所以说，不管是中国的军事系统还是社会生活领域，绝不能依赖美国的GPS，一旦形成依赖，就会像吸毒者一样无法自拔！后果自然也是灾难性的。因此，中国除了发展本国的卫星定位导航系统，别无选择。

正因为透彻地认识到拥有独立自主的卫星定位导航系统的极端重要性，所以中国决策层下定决心独立研制，确保成功。实际上，从20世纪70年代初中国第一颗人造卫星发射成功开始，对定位导航卫星的研究和论证就已经开始。在这里，有必要对我国卫星事业的发展做个简要的了解。

中国人所熟知的"两弹一星"工程中的"一星"，就是指人造卫星。新中国人造卫星的研制历史可以追溯到1958年。那一年，毛泽东发出"我们也要搞人造卫星"的号召，研制人造卫星成为1958年的第一号任务，代号"581"工程。但受"大跃进"的影响，一年后"581"工程黯然下马。1965年，在前一年导弹和原子弹相继发射成功的鼓舞下，加之国民经济的恢复发展，卫星事业得以重启，代号"651"工程，并于1970年4月24日成功发射第一颗人造卫星——东方红一号。

第一颗人造卫星发射成功以后，通信卫星、气象卫星、定位导航卫星等就都进入决策层的视野。"七五"规划中提出了"新四星"计划，随后提出过单星、双星、三星、三到五颗星的区域性系统方案，以及多星的全球系统设想。总之，出于国防安全的需要，中国的定位导航卫星经历了研究、论证、再研究、再论证的过程，对它的研究从来就没有停止过。

众星拱"北斗"的光明未来

20世纪80年代初期，陈芳允提出了双星定位方案，但因经济条件等种种原因被搁置了下来。1991年海湾战争是个重大转折点，在美国 GPS 的刺激下，被搁置十年的双星定位方案得以启动，被称为北斗导航试验系统（也叫北斗一代）。之所以选择这样一个双星定位方案而不是像美国 GPS 那样搞 30 颗卫星的大工程，主要是考虑到当时既没经验又没钱的国情。然而，发射两颗星的局限性很快就来了。因为只有两颗星，所以必须搞高轨道的，因为轨道低了覆盖面就小。只有搞高轨道的，而且还得是静止的，这样才能使两颗星安稳地停留在中国的上空，为中国服务。可是，高轨道卫星有一个大问题，就是定位精度不高，加之只有两颗卫星，所以其定位精度自然远远比不过 GPS。20 世纪 90 年代以来，在 GPS 的反衬下，中国北斗一代因性能不强而受到诟病。于是，在已有经验的基础上，适时启动北斗二代系统，势在必行。

根据《中国北斗卫星导航系统》白皮书，中国北斗的建设实施"三步走"发展战略：第一步，建设北斗一号系统。到 2003 年，发射第三颗地球静止轨道卫星，增强系统性能。第二步，建设北斗二号系统，于 2004 年启动，到 2012 年年底，完成 14 颗卫星（5 颗地球静止轨道卫星、5 颗倾斜地球同步轨道卫星和 4 颗中圆地球轨道卫星）发射组网。第三步，建设北斗全球系统，于 2009 年启动，到 2018 年，面向"一带一路"沿线及周边国家提供基本服务；2020 年前后，完成 35 颗卫星发射组网，为全球用户提供服务。

虽然 GPS 从 20 世纪 90 年代便开始了在全球的商业扩张，但时至今日，卫星定位导航应用服务仍是科技含量极高的战略性新兴产业，北斗导航卫星产业化的市场空间就极富想象力。据北斗官方负责人的乐观估计，到 2020 年，中国的卫星导航产业将达到 5 000 亿元。这还只是对中国国内市场的估计，国际市场更是不可估量！

不管是国内市场用户还是国际市场用户，使用北斗、GPS、格洛纳斯等多个系统，减少对单一系统的依赖，增强安全性都是非常重要的和十分必要的。而这一点，正是中国北斗能够与 GPS 争锋的关键所在。我们相信，中国人一定能抓住这个关键点，众星拱"北斗"定会成为人间天象。

2017 年 4 月，中国第一艘国产航空母舰下水的消息，令军迷欢腾，令国人振奋，令世人赞叹！回溯历史，我们发现，航空母舰有辉煌全盛的时代，也有遭冷遇的"黑暗时刻"。那么，在战略轰炸机能够在全球范围内投放核炸弹，在洲际导弹能够在全球范围投射核弹头的当今时代，为什么还要搞航空母舰呢？

核武器时代，为什么还要搞航母？

回溯历史，我们发现，航空母舰有辉煌全盛的时代，也有遭冷遇的"黑暗时刻"。有人就问了一个很好的问题：在战略轰炸机能够在全球范围内投放核炸弹，在洲际导弹能够在全球范围投射核弹头的当今时代，航空母舰还有什么存在的必要呢？相传赫鲁晓夫就曾有名言，认为在核武器时代，航空母舰已是"海上的浮动棺材"。

真的是这样吗？事情恐怕没想象的那么简单。笔者认为，作为一个负责任的大国，中国发展航母，既有来自世界历史的深刻启迪，也有着最现实的客观急需。

世界历史对中国发展航母的启迪

新中国成立以来，建设一支强大的海军一直是中国政府努力的目标。作为综合国力象征的航母，自然也在中国决策者的视野之内。然而，囿于经济、技术等多种原因，作为联合国五大常任理事国之一的中国，竟迟迟未能拥有属于自己的航空母舰，这不禁唤起了国人对航母的深深渴望。甚至一度曾有过号召全体中国人每人捐十元钱，造出航空母舰的呼声。这从一个侧面反映出中国人的航母情结。2012 年 9 月，"辽宁号"航母入列中国海军，中国航母终于起航。

其实，在古代，中国是一个航海业发达、海军强大的国家。据考证，古代中国的造船业甚至比地中海沿岸国家的造船业还要发达。大唐王朝时，造船业已比较发达，中西海上往来已相当频繁，海上丝绸之路由此发端、兴盛。到了宋代，造船业进入鼎盛时期，已能造出远洋巨型海船，造船技术和航海技术都领先于西方。到了明朝郑和下西洋时，中国的造船技术已经相当成熟，郑和宝船是当时世界上最大、最先进的海船。郑和七下西洋，所率船队规模之大，航程之远，所到国家之多，在当时世界上绝无仅有。

令人遗憾的是，郑和下西洋没有给中国带来走向世界的壮丽诗篇，之后，中国古代的远洋业、造船业却画上了休止符。1522年以后，大明王朝不仅没有继承开放海洋和利用海洋的一贯政策，反而厉行"海禁"政策，"任何船舶不得下海，凡出洋下海者，一律问斩"。曾经领先世界航海业并且拥有强大海军的中国，从此进入了"海禁"的封闭、保守状态，这一直持续了300多年。

从1840年鸦片战争开始，中国进入了长达一百多年的任人宰割的近代史。中国近代史就是一部屈辱史，从这部中华民族的屈辱史中，中国人汲取了很多教训，其中很重要的一条就是，我们要维护海洋权益，要着力于海洋开发，归根到底，我们必须要建设强大的海军。否则，在海洋权益与国家利益面前，我们只能"望洋兴叹"。因此，中国人的航母情结，来自中国近代史的启示，是一种自我救赎的情感抒发。

中国人渴望航母，渴望驶向深蓝的海洋，还来自世界近现代史的启发，来自对大国崛起、兴衰历史规律的深刻认识。2006年，央视播出纪录片《大国崛起》，曾引起人们广泛热议，西方诸强的轮番崛起与兴衰，给中国人以深刻的启迪，人们试图从西方大国的崛起中，寻找某些共性的东西，以为当下中国的发展出谋划策。15世纪以来，从葡萄牙、西班牙的崛起，到英国、法国、荷兰在全世界的扩张，再到美国、日本等新兴国的崛起，他们的崛起与兴盛，无一不是通过控制海洋、夺取海权、利用海洋、开发海洋而实现的。"谁控制了海洋，谁就控制了世界。"2 000多年前古罗马哲学家西塞罗的这句名言，成为近代西方列强崛起之制胜"法宝"。

钟情航母是中国人海洋意识觉醒的表现

19世纪末美国著名学者暨政治家阿尔弗雷德·塞耶·马汉出版了《制海权对历史的影响》一书。在深入研究了英国等欧洲小国迅速崛起并称霸世界的秘诀之后，马汉提出了"海洋霸权优于大陆霸权"的海权论观点。他指出，海上力量决定国家力量，谁能有效控制海洋，谁就能成为世界强国。那么，如何控制海洋呢？答案就是要有强大的海军和足够的海军基地，以确保对世界重要战略海道的控制。此外，海权是一个国家控制海洋和利用海洋的一种特权，需要综合运用政治、经济、外交、军事、科技和潜在资源等综合力量来实现，一个国家要是能抓住生产、航运、基地和武力这四大要素，就能掌握海权。

就在马汉的《制海权对历史的影响》出版那一年，美国国会通过了《海军法案》，美国开始大规模发展海军。20世纪初，马汉甚至成为西奥多·罗斯福总统的海军顾问。到一战结束时，美国海军的战列舰、巡洋舰、航空母舰数量已跃居世界前列，成为世界海洋强国。到二战结束时，美国已经完全控制了太平洋，成为无可争议的海洋新霸主。

世界历史已经表明，世界上60%以上的人口和几乎所有的大城市都处于沿海地带，所有发达国家几乎都是海洋国家，所有重视海洋、在海洋上有所作为的国家都曾成为世界强国。这从一个侧面也启示我们，必须重视海洋！

因此可以说，中国重视发展航母，中国人钟情于航母，其实是我们中国人海洋意识觉醒的一种表现。我们要保卫国家，实现中华民族的伟大复兴，就要走向海洋；我们要利用海洋，要建设海洋强国，就必须建设能够保护我们海洋权益的强大海上力量。在这一征程中，航母就成为我们的必然选择。

航母一百多年的发展史已经证明，航母是平战结合、战略威慑力和战术打击力的融合体。航母还具有强大的运输能力，其远洋出征、近海防御能力，是任何其他舰艇无法比拟和取代的。21世纪之初，美国、日本、英国、法国、俄罗斯、印度、中国等多个国家都宣称要建造航母。十多年过去了，有的航母已经下水，有的航母已经交付使用，还有的在船坞中等待生成。总之，世界上的航母会渐渐多起来的。虽然20世纪中叶以来几次唱衰航母的悲观论调余音还在，但世界主要国家积极建造航母的事实已经充分说明了航母在当今时代的特殊价值所在。

航母具有不可替代的独特价值

第二次世界大战是航母发展的全盛时期，二战后的20世纪50年代，在核武器全面发展的背景下，航母曾一度盛极而衰，相传赫鲁晓夫就曾讥讽航母是"海上的浮动棺材"。航空母舰的衰落，显然与核弹的发展直接相关；另外，卫星技术的突破性发展，又让航母在大海上无处遁形，航母的命运似乎就要终结了。

然而，令人意外的是，20世纪末，尤其是进入21世纪，航母不仅没有消失，相反，世界各国制造航母的意愿越来越强烈；航母不仅丝毫没有过时，反而在新的形势下焕发出勃勃生机。这是为什么呢？

原因其实也很简单。必须承认，在一次有效的核攻击面前，航空母舰确实会成为"海上的浮动棺材"；但问题恰恰在于，世人毕竟很少敢跨越"核战争"的门槛——迄今为止只有美国人跨越过一次，而且是在第二次世界大战中对付人类文明的公敌——万恶的日本帝国主义。在常规战争中，航空母舰的作用仍然是显而易见的。

回顾二战结束以来的世界历史，由美国发动或主导的局部战争从来就没有停止过。从朝鲜战争、到科索沃战争，再到海湾战争，一系列的局部、常规战争让美国认识到，在核战争不可以轻易打的情况下，保持航母在数量上的绝对优势，是自己推行强权政治、武力威慑、兵力投送和对地攻击作战的必然要求。而半个多世纪以前的历史已经证明，如果战争需要，美国可以凭借其强大工业生产能力在短时间内迅速制造出更多的航空母舰，这一点我们必须清醒地看到。

20世纪70年代以来，国际"核不扩散条约"发挥着应有的作用。在世界核力量保持制衡的情况下，一系列大大小小的局部战争，以及本国海空防御的战略需要，让大多数国家认识到航母在和平年代与常规战争中的巨大作用。人们清楚地看到，航母不仅没有过时，反而在新的历史条件下具有不可替代的独特价值。

航母功能的蜕变与脱胎换骨

除上述"核力量保持制衡"这一根本原因外，航母在新时代的发展特点也是其得到更广泛认可的重要原因。

第一，航母是平台与负载的结合体。与其他水面舰艇相比，航母具有明显的优势，吨位大、机动性强、续航能力强、装载量大，既是重型战斗机的成熟起降平台，又具有强大的运输能力，其远洋出征、近海防御能力，是任何其他舰艇所无法比拟和取代的。

第二，航母是平战结合、战略威慑力和战术打击力的融合体。航母一百多年的发展史已经证明，航母不仅是一种实战能力很强的武器装备，也是一种展示武力、遏制战争的有效武器装备。以航母为核心的战斗群声势浩大、海空一体，能够给人"威胁就在眼前，敌人就在身边"的切身感受。既能看又能战，平时和战时都能用，威慑与实战都好用，一举多得，这正是航母存在的特殊价值。

第三，核动力装置的采用为航母提供了近乎不竭的动力。航母是高能耗大型船舰，如果使用常规动力，不仅成本高昂，而且需要经常添加燃料，这就造成其续航能力有限。采用核燃料动力后，航母的续航能力趋于无限，而且在航母的服役期限内，几乎不用更换燃料，最多更换一次，航母持续航速也大大提高。可以说，核燃料的采用，让航母焕发了新的生机。

第四，信息化为航母注入了新的活力，让航母脱胎换骨。从一种战争形态转为另一种战争形态，通常需要漫长的过程。从机械化战争向信息化战争的转变，虽然从海湾战争就已经开始，但整个 21 世纪必然都在转型过程中。更重要的是，机械化与信息化是相互融合的，而不是相互排斥的。航空母舰能够较好地把机械化和信息化融合起来，因为航母具有充足的空间，能够容纳各种电子设备和武器装备，能够根据信息化建设的需要不断更新。强大的吐故纳新能力，信息化元素的注入，赋予航空母舰许多新的概念和内涵，使航母蜕变成一种综合集成度最高、融合机械化与信息化为一体的军事装备。这种高度集成的军事装备，正是信息化战争不可或缺的枢纽和指挥中心。

发展航母是中国和平崛起的必然选择

中国建造航母，还有着最现实的急需，是建设海洋强国、实现中华民族伟大复兴、维护并促进世界和平与发展的必然选择。中国有超过 1.8 万公里的海岸线，居世界第四位，护卫这么长的海岸线，可不是闹着玩儿的。特别是在中国南海，从海南岛到曾母暗沙，到中国最南端的海疆线就有两三千公里，这实在是太长了！护卫如此长的海疆以及专属经济区，人民海军的任务实在是太重了，没有大的舰艇特别是航母，实在是太难了。如果我们不能有效护卫自己的海疆，建设海洋强国便无从谈起，显然也会阻碍中国的和平发展与和平崛起，无益于世界的和平与发展。

当然，中国建造航母，各方面也越来越具备充足的条件。在政治和国际关系上，中国坚决反对任何形式的战争和霸权主义，坚决维护世界和平与发展，奉行和平共处五项基本原则，向全世界公开承诺中国永不称霸。因此，中国建造航母，发展海军，是维护世界和平的坚强力量。在经济上，伴随着中国经济的持续快速发展，建造一艘航母所需要的资金和物资对今天的中国来说，已经不是什么大问题了。在技术上，造船技术不是问题，航母电子信息系统也不是大问题，唯独有些问题的，大概就是航母专用技术了，比如说舰载机弹射技术和阻拦索技术。但据媒体公开报道，中国科技工作者已经突破了新一代电磁弹射技术和阻拦索技术，全新的国产航母到底装配如何，让我们拭目以待。

2017 年 11 月 17 日，习近平总书记在会见全国道德模范代表，准备同大家合影时，见到两位道德模范代表年事已高，就拉着他们的手，请两位老人坐到自己身旁来，这个暖心感人的瞬间铭记在了大家的心里。这两位老人，其中之一就是为中国核潜艇事业奉献一生的黄旭华院士。近年来，随着相关材料的披露，神秘的中国核潜艇逐渐为世人所知。那么，中国核潜艇是怎样从无到有，由弱到强的呢？

核潜艇：水下"护国之盾"

核潜艇是潜艇中的一种类型，其与常规潜艇的本质区别在于，核潜艇是以核反应堆为动力来源的潜艇。世界上第一艘核潜艇是美国的"鹦鹉螺"号，于 1954 年初试航，它宣告了核动力潜艇的诞生。目前全世界公开宣称拥有核潜艇的国家有六个，分别为美国、俄罗斯、英国、法国、中国、印度。作为世界上第五个拥有核潜艇的国家，中国核潜艇的研制走过了一段不平凡的历程。

核潜艇，一万年也要搞出来！

20 世纪中叶，正是世界军事技术变革的时期。科学技术的发展，特别是第二次世界大战，催生了一大批威力巨大的新式武器，诸如原子弹、导弹、核导弹、核潜艇等，它们相继用于实战，大大改变了世界历史的进程。新中国成立后，面对帝国主义的封锁和核威胁，中国共产党领导中国人民积极谋求保家卫国。面对世界军事技术变革，中国共产党人积极应对，在十分困难的条件下积极发展原子能科学，开展火箭技术研究。正是在这种背景下，核潜艇逐渐走进中国领导人的视野。

1958 年 6 月初，苏联援建的研究性重水反应堆达到临界，标志着我国第一个核反应堆正式开始运行，尽管这个反应堆与船用核动力装置并不是一回事，但还是给了中国领导人发展核潜艇的信心。1958 年 6 月 27 日，主管全军科技工作的副总理聂荣臻向党中央呈报了《关于开展研制导弹原子潜艇的报告》，全文如下：

关于开展研制导弹原子潜艇的报告

中央传阅文件　　1958 年 238 号

德怀同志、总理并报主席、中央：

我国的原子能反应堆已开始运转，这就提出了原子能的和平利用和原子能动力利用于国防的问题。关于和平利用方面，科委曾开过几次会进行研究，已有布置。在国防利用方面，我认为也应早作安排。为此，曾邀集有关同志进行了研究，根据现有的力量，考虑到国防的需要，本着自力更生的方针，拟首先自行设计和试制能够发射导弹的原子潜艇，待初步取得一些经验后，再考虑原子飞机和原子火箭等问题。初步安排如下：

以 641 型潜艇（1 800 吨）的资料为基础，先设计试制 2 500 吨的原子潜艇，接着再设计 5 000 吨的，前者争取在 1961 年 10 月 1 日前下水。

拟以罗舜初、刘杰、张连奎、王诤四同志组成一个小组，并指定罗舜初同志任组长，张连奎同志为副组长，筹划和组织领导这一工作。

……

总体布局和要求由海军提出，统一总体设计工作。

船体、主辅机、电机、仪表以及工艺设计由一机部负责。

原子动力堆由二机部负责。

战斗导弹由五院负责。

生产基地，从保密和安全考虑，上海不太合适，似应放在××××。建议××××× 今年继续动工，并补充原设计之不足，争取在 1960 年初建成，以便承担上述任务。

关于设计和试制原子潜艇问题，二机部刘杰同志曾与该部苏联专家谈过，专家表示，他个人愿意大力支持。

以上是初步安排和建议，当否请批示。

敬礼

聂荣臻

1958 年 6 月 27 日

　　就是聂荣臻这份以个人名义呈报给中央的报告，开启了中国核潜艇的铸造之路。6 月 28 日，周恩来在报告上批示："请小平同志审阅后提请中政局常委批准，退聂办。"6 月 29 日，时任中共中央总书记的邓小平批示："拟同意。主席、林总、彭真于阅后退聂"，并在文中批注了"好事"二字。随后，其他有关中央领导也迅速圈阅了这个报告，最后由毛泽东主席圈阅批准。由此，中国核潜艇的研制正式拉开序幕。

　　聂荣臻的报告被批准之后，根据该报告的建议，很快成立了由罗舜初任组长，刘杰、张连奎、王诤参加的小组，负责筹划和组织核潜艇的研制工作，中央军委还于 1959 年 11 月作出了核潜艇研制分工的决定，核动力由第二机械工业部负责，艇体和设备由第一机械工业部负责，海军负责抓总。

　　在核潜艇研制之初，中国曾试图争取苏联的技术支持。但中国的这一美好愿望从来都没有得到一丁点回馈。

　　据相关资料记载，1957 年 11 月，中国海军司令员肖劲光随中国军事友好代表团访苏，苏联海军总司令毫不客气地说："中国不需要建造核潜艇。"1958 年 11 月，海军政委苏振华率团访苏，经历三个多月的艰苦谈判，中苏签订了海军技术协定，但这个协定排除了苏联向中国转让核潜艇技术。中国海军代表团在苏期间，苏方不仅不让代表团参观核潜艇，连有关技术资料都加以封锁。1959 年 9 月底 10 月初，苏联领导人赫鲁晓夫率团来华参加中华人民共和国成立十周年庆典，中国领导人再次提出核潜艇技术援助问题，被赫鲁晓夫拒绝。之后更是完全撤走了援华技术专家。面对苏联的背信弃义，毛泽东在 1959 年 10 月斩钉截铁地说："核潜艇，一万年也要搞出来！"

"核潜艇，一万年也要搞出来！"这句话很有名，但初期仅仅是口口相传，在毛泽东的著述里并无这句话，有人甚至提出，如何证明这句话是毛泽东说的？《见证中国核潜艇》的作者杨连新先生经过向曾任国务院、中央军委核潜艇办公室主任的陈右铭求证，结论是毛泽东默认此话的真实性：

苏联拒绝对我国核潜艇的援助后，毛泽东在赫鲁晓夫 1959 年 10 月访华期间确实说过这句话，这是聂帅亲自对我说的，当时周总理和聂荣臻、罗瑞卿副总理在同赫鲁晓夫的会谈中再次提出过核潜艇技术援助问题，赫鲁晓夫却说，你们不要搞核潜艇，苏联有了核潜艇，你们就有了，我们可以搞联合舰队……事后，毛泽东闻知赫鲁晓夫的谈话，十分气愤地说了这句话。自此以后经常有人问我这句名言的正式出处，我们也拿不出让人信服的确凿依据，只是知道大概意思，不是字字都很准确。在当时特别是在"文化大革命"期间，这可是一个"政治性"问题，万万不能马虎。为了印证毛主席这句话的准确性，我想了一个弥补的办法，就是在给中央或中央军委的有关电文呈批件上，都把毛主席的这句话冠以"最高指示"一同上报。毛主席批阅文件时必定能看到"最高指示"的内容，由于都没有提出过异议，所以我们确认这就是毛主席对这句话的认定。就这样，这句名言便一直流传下来了。

先搞鱼雷核潜艇，再搞导弹核潜艇

20世纪50年代末，我国社会主义建设遭遇曲折，三年自然灾害更是雪上加霜，国民经济出现严重困难。在这种情况下，中央考虑调整国家建设项目进度，一方面集中财力、物力、人力保证原子弹和导弹的研制；另一方面对一些科研力量不足，一时难以突破，还需要较长时间积累的重大科技工程项目进行了调整，也就是暂缓建设。核潜艇就属于"暂缓"的项目之一。

1962年7月，海军党委和二机部党组联合向中央呈报了《关于原子潜艇核动力装置今后如何开展工作的请示报告》，报告提出：鉴于核动力装置研究设计任务的艰巨性、复杂性和长期性，在几年内国家不可能调配大量的干部，拨给巨大的资金；同时技术上也不成熟，还需要多年的努力，特别是核燃料在今后相当长的时期内还没有能力解决，我国研究设计和建造核动力反应堆的要求过快，不现实。报告建议：停止陆上模式堆的建设，设备制造和新材料试制基本停止，但对几项技术复杂、研究周期长、并已投资大半取得成绩的关键项目适当保留，继续进行必要的研究试验等等。

虽说中国核潜艇的研制工作在特殊年代遭遇了困难，但因为核潜艇是"一万年也要搞出来"的国家重中之重工程，所以党中央和中央军委对于核潜艇的"暂缓"建设非常谨慎。徐向前元帅强调"要保留一部分人力继续研究一些必要的项目，因为科学研究是个长时间的问题，不然一旦需要，再搞就来不及了。"刘伯承元帅认为要"集中力量先解决关键问题，如解决核爆炸之类是对的，但为保留核动力研究成果深钻，似应保留少而精的骨干以发展成果。"陈毅元帅"不赞成核潜艇研制工作缩减，而赞成继续进行钻研，不管要 8 年、10 年或 12 年才能成功，都应加紧进行。"

直到 1963 年 3 月，中央才做出最后决定。周恩来亲自召开中央专委会议，专门讨论海军和二机部的报告。经过讨论，原则同意请示报告的内容，批准保留技术骨干，重点开展核动力装置和潜艇总体等关键项目的研究，为将来重新启动全面研制工作作储备。为此，在国防部舰艇研究院内增设了潜艇核动力工程研究所，开展了潜艇核动力装置总体方案的论证、设计工作。应当说，从1962年到1965年3月，中国核潜艇工程的研制并没有真正"下马"，"下马"的只是大规模的工程建设，而科学研究工作一刻也没有停止。因此可以说，这一阶段是保存实力，深入学习，积聚力量的阶段。

困难时期的坚守是清贫而艰苦的。在研制核潜艇的初期，科研人员是饿着肚子在搞核潜艇，"啃着咸菜造出来的"。首任中国核潜艇总设计师彭士禄院士就曾回忆说："60年代初正是困难时期，也是核潜艇研制最艰难的时候，我们都是吃着窝窝头搞核潜艇，有时甚至连窝窝头都吃不饱。粮食不够，就挖野菜和白菜根充饥。"

进入1965年，国民经济明显好转，前一年导弹、原子弹的相继发射成功，也为上马其他重大工程项目创造了条件。就核潜艇工程来说，常规潜艇仿制和自行研制成功，核动力装置已经开始初步设计，核反应堆的主要设备和材料研制工作取得了进展，已经具备了开展核潜艇型号研制的技术基础。在这种情况下，党中央审时度势，再次上马核潜艇工程。

1965年3月13日，由二机部和六机部党组联合上报国防工办和中央专委《关于原子能潜艇动力工程研究所领导关系的请示报告》，对核潜艇的科学研究工作提出了建议。3月20日，周恩来主持召开了第11次中央专委会议，批准了这个报告，同时决定将核潜艇工程重新列入国家计划，全面开展研制工作。由此，中国核潜艇的全面研制工作，又一次拉开大幕。

根据中央指示精神，二机部和六机部与海军等部门密切合作，成立核潜艇研制所需的研究设计所和建造工厂等，上下一心，群策群力，为建造中国的第一艘核潜艇而奋斗。当时的核潜艇总体研究设计副总工程师黄旭华（后任中国核潜艇总设计师）等科研人员建议，中国核潜艇的研制可以分两步走：第一步先研制反潜鱼雷核潜艇，第二步再研制导弹核潜艇。理由在于，导弹核潜艇的技术问题多，难度大，需要更多的时间才能解决，先研制鱼雷核潜艇不仅可以分步骤地解决技术难点，为研制导弹核潜艇打下技术基础，而且有相当一部分材料和设备可以通用，有利于加快研制进程。这个建议得到了认可，1965 年 7 月，二机部、六机部和海军等部门经过反复研究论证，向中央专委报告了研制核潜艇的具体建议，包括核潜艇建造原则、进度安排、分工建议、增加技术力量和经费等。

1965 年 8 月 15 日，周恩来总理主持召开了第 13 次中央专委会议，专门研究核潜艇"上马"后的有关重大问题。会议原则同意六机部等提出的我国第一艘核潜艇研制原则，全面部署了核潜艇研制的各项工作，明确核潜艇研制分两步走："第一步先研制反潜鱼雷核潜艇，于 1972 年下水试航，第二步再搞弹道导弹核潜艇。"根据有关资料记载，这次中央专委会会后，中央还就会议决定的问题分别向有关部门下发了七个通知，主要内容有：各部委要安排落实承担的研制项目，纳入各工业部的计划；科学院及有关高等院校要积极参加协作；抽调技术骨干和增加1 500名大学生充实科研队伍；筹备建设海军核潜艇码头基地；同意将核潜艇动力装置的陆上试验基地建在四川省夹江县，并建造陆上模式反应堆；建立远洋测量船等等。可以说，党中央是动员了全国的力量，支援中国核潜艇工程，这再次显示了社会主义制度集中力量办大事的强大动员能力。

如果说在此之前，中国核潜艇还处于探索、研究、准备阶段，那么，1965年8月第13次中央专委会的召开，则标志着中国核潜艇的建造工作正式进入工程实施阶段。

历经30年，中国核潜艇形成完整的战斗力、威慑力

研究制造核潜艇是一项庞大的系统工程。其中，关键环节主要有这么几个：一是整体设计，核潜艇对中国人而言是新事物，设计可以说是龙头，关系到整个核潜艇的成败，设计必须科学；二是核潜艇反应堆的研制，这是核潜艇的心脏与标志；三是核潜艇建造基地的建设，选址必须保密但又必须是深水良港；四是艇体的建造与设备安装。

中国第一艘核潜艇的整体设计，采用的是适于水下高速航行

的水滴形线型，这是科研人员广泛搜集国内外资料，进行理论分析和研究，设计出的最优方案。科研人员花费了十几年的时间为核潜艇量身打造了这一水滴形，它最大的优势是水下阻力比常规型艇体小，有利于在水里跑得更快，再就是螺旋桨布置在最后，一根主轴，一个螺旋桨，有利于操纵。后来的实践证明，水滴形潜艇操纵性能优良，水下航速远比常规线形的高。

核反应堆是核潜艇的心脏和动力来源。研制核潜艇反应堆是头等大事，颇费周折，毛泽东、周恩来等领导人十分关心，曾多次给予指示、批示。研制核潜艇反应堆，是从模式反应堆开始的。所谓模式反应堆，是指在建造真正使用的反应堆之前，先在陆地上造一个一样的试验性反应堆，目的是验证设计，考验系统设备，暴露问题和摸清反应堆性能。根据国际惯例，核潜艇的核反应堆在正式装备之前，需要提前在陆地上建造这样一座模式反应堆，试验成功后再装入核潜艇。因此说，陆上模式堆的成功与否直接关系到核潜艇的成败。然而，在那个特殊年代，在核工业基础薄弱的情况下，研制建造一座核反应堆谈何容易，研制建造过程十分艰难。为了保密需要，贯彻中央关于国防工程建设"靠山、分散、隐蔽"的方针，模式反应堆选择在四川西南的深山建设，为了加快施工进度，1968 年 7 月 18 日，毛泽东签发了著名的"718"批示（《关于支援模式堆基地的建设问题》）。"718"批示发表后，调动全国各有关工业部门、高等院校和省市的力量，抓紧完成各自承担的科研工作和设备、材料的试制任务。

核潜艇建造基地的建设位于东北某海岛，对于核潜艇的研制来说有着优越的地理条件，是难得的天然良港，但岛上条件却十分恶劣，人迹罕至，冬季寒风凛冽，有个夸张的说法是，"岛上一年刮两次风，一次刮半年"。因此，核潜艇建造基地的建设同样非常艰难，工程进度的缓慢甚至让毛泽东都非常焦急，以至于他在一年的时间内曾多次批示要加快基地建设。1968 年 4 月 8 日，毛泽东针对核潜艇建造厂的建设问题，签发了中央军委给沈阳军区的复电批文，同意抽调某师炮兵团担负该项施工任务，这就是著名的"6848"批示，及时稳定了当时的形势。1969 年 2 月 14 日，毛泽东又一次签发了中央军委给沈阳军区的电报，决定某师炮兵团继续担任支援核潜艇建造厂的基建任务。就在那一天，毛泽东还圈阅批准了调整该厂生产纲领的请示报告。毛泽东多次有针对性的批示，对于加快推进核潜艇建造基地的建设，起到了决定性的作用。

在一切从零开始的条件下，艇体的建造与设备安装也是一个巨大的考验。尽管有设计图纸，但要把数以万计的各类设备精准安装，可不是一件容易的事情。据相关资料，中国第一艘核潜艇上的每一块钢板，每一台设备和零部件都是清一色的中国货，使用的材料有 1 300 多个规格品种，设备和仪器仪表有 2 600 多项、46 000 多台件，电缆 300 多种、总长 90 余公里，各种管材 270

多种、总长 30 余公里。为了确保安装质量，决定设计建造一个
1∶1 的核潜艇模型。千余名设计人员和工人经过两年多的时间，
用木料、塑料、硬纸板等材料，建造成了一个 1∶1 全尺寸的核
潜艇模型，并且内部还装着与实际设备一样大小的木制设备模型
和纵横交错的"电缆管路"，通过模型艇的模拟安装、模拟操作、
模拟维修等，及时发现并解决了大量问题，有力地保证了第一艘
核潜艇的总体施工设计和设备安装的一次成功。

　　1968 年 11 月，中国自己研制的第一艘鱼雷攻击型核潜艇正
式开工建造；1970 年 12 月 26 日，中国核潜艇顺利下水；1971
年 7 月，中国核潜艇首次实现核能发电；1974 年 8 月 1 日，中
国第一艘鱼雷核潜艇航行试验成功，正式编入海军部队，被中央
军委命名为"长征 1 号"。1975 年 8 月，第一代鱼雷核潜艇完成
了设计定型和生产定型。第一艘核潜艇的服役，标志着中国海军
跨进了世界核海军的行列，迈出了驶向远洋深海长征的第一步。

　　在研制鱼雷核潜艇的同时，中国还在为研制弹道导弹核潜艇
而积极准备。弹道导弹核潜艇可装载氢弹，被誉为是水下可移动
的导弹发射平台，"第二次核打击力量"，其地位和重要性可见一
斑，可谓是镇国之宝！

　　中国弹道导弹核潜艇是在鱼雷核潜艇的基础上发展起来的，
弹道导弹核潜艇与鱼雷核潜艇的主要差别是多了一个导弹舱，尺
寸和排水量因此增加不少。导弹舱中设有多个导弹发射筒及一系

列配套设施。1970 年 9 月 25 日，我国第一艘弹道导弹核潜艇正式开工建造；历经波折，克服重重困难，1981 年 4 月，中国第一艘弹道导弹核潜艇下水；1983 年 8 月，中国第一艘弹道导弹核潜艇交付海军；1988 年 9 月，弹道导弹核潜艇圆满完成水下发射潜地导弹的试验。至此，历经 30 年，第一代弹道导弹核潜艇的试验任务全部结束，第一代弹道导弹核潜艇试验走完了全过程。这一伟大成就，标志着中国完全掌握了导弹核潜艇水下发射技术，使核潜艇成为真正意义上的隐蔽的核威慑与核反击力量，使中国成为世界上第五个拥有导弹核潜艇的国家。

近年来，有关核电的消息，特别是关于"内陆核电"的消息，似乎总能挑起人们的敏感神经，无一例外都会引起一阵骚动。"谈核色变"、"逢核必反"已经成为一种不正常的"常态"。似乎"反核"就是道德高地，就是天然正确，事实并非如此，"谈核色变"并不可取。那么，我们该怎样科学理性地认识"内陆核电"呢？

科学理性地认识"内陆核电"

国家原子能机构有关负责人在 2017 年年初表示，内陆核电站的选址基本确定，"十三五"期间有望开工建设。这一消息再次引发社会对"内陆核电"的广泛关注。然而，很多夸张的、情绪性的言论表达其实是不科学的，存在着对"内陆核电"的严重曲解、误解和不理解。

"谈核色变"不可取

中国核电科技和核电工业历经 30 余年的发展，从引进技术到消化吸收，从拥有自主品牌到登上国际舞台，中国已经从核电大国迈向了核电强国。目前，中国大陆在建核电机组 20 台，数量居世界第一。"十三五"期间，中国核工业实施了以示范快堆为代表的先进核能代表工程、空间核动力科技示范工程等一批重要项目。核电的安全问题是国际社会普遍关注的焦点。中国政府始终高度重视核电发展，在发展核电过程中，始终坚持安全第一的原则，采用最严格的监督措施确保核电安全运行，按照最高标准新建核电机组，中国运行核电站始终保持良好的安全记录，自首座秦山核电站一期运行至今 30 年，中国从未发生过二级及以上运行事故，也未对周围环境和公众造成任何不良影响，主要运行指标优于世界平均值，部分指标达到国际领先水平。

这本来是值得中国人骄傲的巨大成就。然而，中国人认识核能是从原子弹开始的，这使人们天然地对核能心生畏惧；加之早期在核电的宣传与科普上遮遮掩掩，过分强调核电的保密性，公众普遍缺乏对核电站的生命周期及其可能产生副效应的边界条件的了解。在社会日益发展、公众参与意识大大提高的当下，核电的特殊性以及公众的不理解甚至误解，使得"邻避效应"日益凸显，有关核电的争议从未止息，甚至愈发激烈，内陆核电就一直处在舆论的风口浪尖。

国务院新闻办公室颁布的《中国的能源政策》中，明确"核电是一种清洁、高效、优质的现代能源"。核电厂利用反应堆里的铀－235 裂变释放核能，再通过一、二回路实现从核能到热能再到电能的转换。1 克铀－235 全部裂变产生的能量相当于 2 700 千克标准煤完全燃烧释放出的能量。一座百万千瓦级的核电厂每年仅需补充 20～30 吨核燃料，一辆重型卡车即可运走，而一座同样功率的火电厂每年要消耗约 300 万吨原煤，相当于每天要有一列 100 节的火车为它运煤。前者仅为后者的十万分之一，环境效益非常突出。

核能在保证能源供应安全、调整能源结构、应对气候变化等方面发挥着不可替代的战略作用。从全球未来能源发展趋势看，核能的战略地位和作用将是一个国家核心竞争力的重要体现和标志。随着核电"走出去"上升为国家战略，我国核电出口的步伐正在加速，核电已成为我国高新技术产业全球拓展的一张王牌。

作为国家能源安全的战略选择，核电可以给人类社会发展提供强大的驱动力。但是，在今天这个信息时代，各类消息通过网络平台快速传播，而公众对核电的了解一般都很有限，易受煽动，难辨真伪，所以一旦有关于内陆核电的谣言传播，就很容易造成社会恐慌。

核电厂址是稀缺战略资源

由于核电站的特殊性，对所在厂址具有严格的要求。除地理位置、地震地质、工程地质等自然因素外，核电厂厂址的核安全要求还涉及人口增长限制、应急撤离、放射性废液和废气排放等社会环境因素。尽管我国疆域辽阔，但能够满足严苛要求、适宜建造核电厂的地点却十分稀缺。同时，我国人口众多、自然环境复杂，滨海、滨河地区工、农、旅游业基础建设近年来迅速发展，城镇化规模也在逐渐扩大，因此核电厂厂址资源越来越紧缺。在大力发展核电产业的背景下，核电厂厂址资源的开发、保护和利用也成为十分紧迫的问题。

对于国家而言，不论近期内是否大力发展核电，核电厂址都是国家宝贵的稀缺战略资源。公开资料显示，中国多数沿海省份都已拥有了核电厂址，浙江、广东、福建等省份规划的核电机组都在十台以上。目前，沿海省份的核电厂址已经完成了基本的普查，随着下一轮沿海核电站的开工建设，沿海核电厂址越发稀少，且很难再有合适厂址。这也正是为何在内陆核电重启的时间表尚未明确的情况下，各地仍积极推动核电厂选址以及各备选厂址前期工作的主要原因。《国家核电中长期发展规划（2005—2020 年）》中明确指出："除沿海厂址外，湖北、江西、湖南、吉林、安徽、河南、重庆、四川、甘肃等内陆省（区、市）也不同程度地开展了核电厂址前期工作，这些厂址要根据核电厂址的要求、依照核电发展规划，严格复核审定，按照核电发展的要求陆续开展工作。"

核电厂厂址的选择是根据国家核安全法规标准，按照国家的能源政策、国家中长期发展规划以及国家对核电前期工作的规定进行的，执行标准充分参考国际原子能机构颁布的法规和导则制定。在实际的选址过程中，按照厂址所在地区的极端条件（例如最大地震、最大降水、最大干旱等）确定厂址设计基准，并在地震条件等选址因素中，为适宜我国具体情况做出了最严格的要求。我国通过初步可行性研究确定的内陆核电优先候选厂址，均处于地震活动水平很低的地区。内陆核电厂址还坚持可防极端洪水的"干厂址"选址理念和留有安全裕度的设防要求，使得"洪水"对内陆核电厂址不构成安全问题。由于环境条件的差异性，内陆核电站选址与建设中有一些需要特别关注的问题，比如液态放射性流出物的排放控制，人口分布与实施应急计划的可行性，散热系统运行的影响，大件设备运输条件，水资源论证和安全厂用水源设置等。

核电厂厂址作为核电项目的载体，对于核电产业的战略布局有着决定性的影响。尤其在需要发展核电作为能源保障的地区，核电厂厂址资源既具有天生的各种自然环境资源的自然属性，又具有需要投入大量人力、物力开发论证后被赋予的社会属性。正是这样的双重属性决定了核电厂厂址资源的开发、保护、利用应当引起高度重视并得到规范管理。

中国科学院院士、中国原子能科学研究院研究员王乃彦认为，我国拟建的内陆核电厂厂址的条件非常好，而且前期工程已经投入了很多经费，不充分利用殊为可惜。内陆核电厂厂址的选择涉及一系列复杂的考量因素，并且需要长时间跨度的地质、气候、人口监测数据支持，倘若对一些候选厂址不加以保护，一旦它们遭到破坏性开发，对核工业的良性有序发展和国家长远的能源战略而言，都将是不可弥补的损失。

内陆核电是国际主流

国际原子能机构（IAEA）对世界核电站厂址按滨海、滨河、滨湖划分为三大类。我们按照习惯，将国际上称为滨河和滨湖厂址的核电站通称为内陆核电站。事实上，全球内陆核电厂与沿海核电厂几乎是平均分布，截至2014年底，全球在运行的442台核电机组中，有一半（220台）建设在内陆。

美国的65个核电厂（共104台机组）中有39个核电厂位于内陆地区，共64台机组，占美国所有核电机组的63%，这些机组至今已经有约2 000堆年的运行经验。美国的密西西比河流域共有32台机组，占美国内陆核电的50%，总装机容量达3 000多万千瓦。

法国的19个核电厂（共58台机组）中，有14个核电厂共40台核电机组位于内陆地区，占法国核电机组的69%，这些机组至今已经有约1 000堆年的运行经验。法国的8条内河两畔都建有核电站，其中流入地中海的罗纳河沿岸建有4座核电厂，共14台机组；塞纳河建有1座共2台核电机组。

　　需要特别指出的是，无论是国际原子能机构、各主要核电大国还是我国的核安全法规，在安全目标和评价准则上对内陆和沿海核电厂均采用同样的标准。就此而言，内陆与沿海核电之分本身就是个"伪命题"。

　　国际经验表明，内陆核电是安全可行的。目前我国舆论对内陆核电安全性的质疑主要集中在放射性液态流出物的排放和极端情况下的核泄漏上。公众或许较难理解内陆核电的运行原理，然而水源污染、堆芯熔毁、辐射泄漏等字眼却能轻易触发公众的核恐惧心理。

　　首先，针对水源污染问题，我国目前的商用反应堆均为压水堆，压水堆有两个回路，一回路和二回路。一旦了解压水堆核电站的工作原理，便能明白水源污染本身是一个错误的假设。一回路的核心是反应堆堆芯，当反应堆运行的时候，堆芯产生大量的热量，一回路中的水经过堆芯，将这些热量带出反应堆，然后在蒸汽发生器中传递到二回路，一回路的水在蒸汽发生器中冷却后又流回堆芯，这就是一回路的闭式循环。二回路的核心是汽轮机，在蒸汽发生器中，二回路的水被一回路的水加热，变为蒸汽，蒸汽推动汽轮机做功、发电，尔后，蒸汽在冷凝器中液化，重新流回蒸汽发生器，这就是二回路的闭式循环。上述两个回路均是闭式循环，水全部封闭在系统管道内循环，与外界水源没有任何实体接触，不需要随时补充水分。也就是说，在正常运行期间，反应堆并不需要额外水源，内陆核电厂既不排放废水废气，也不会对环境产生其他不利影响。

内陆核电厂的运行也不会对周边水体排放放射性液态流出物，内陆电厂供水水源的保证可以通过厂址合理布局，选择在水资源较丰富的地区来解决，并通过工程技术措施，可进一步减少电厂的用水需求和消耗，保护水生生态系统。对于内陆核电厂放射性液态流出物的排放，我国已制定严格的审管要求，可以确保排放口下游一公里满足我国饮用水标准中的放射性指标要求。根据美国环境保护署对境内27个内陆延寿运行核电厂给出的环境意见书，可以发现有三分之二的内陆核电厂的受纳水体有灌溉、捕鱼和娱乐活动的功能，有二分之一的内陆核电厂的受纳水体下游有公共饮用水取水点。我国与美国、法国内陆核电厂所在受纳水体的平均流量和水弥散条件总体相当，部分厂址的水弥散条件还优于美国和法国。我国内陆地区具备符合核电厂排放管理要求的厂址，水弥散条件不构成我国内陆核电选址和建设的颠覆性因素。

其次，针对堆芯熔毁问题，切尔诺贝利核事故和福岛核事故造成了全球性的核恐慌，公众难免担心内陆核电发生严重核泄漏。我国拟修建的内陆核电厂均将使用先进三代核电技术AP1000和EPR，或是以这两种技术为基础的国产化技术。不同于切尔诺贝利核事故和福岛核事故中的沸水堆，压水堆的放射性全部集中在一回路中，而一回路又被坚固的安全壳包裹。这种设计保证即使发生最严重的堆芯熔毁事故，安全壳也可以完全屏蔽放射性物质，使之不对环境造成影响（核泄漏）。这种能够抵抗飞机直接撞击的预应力混凝土安全壳，是沸水堆不具备的。

对于公众普遍担忧的堆芯熔毁问题，先进三代核电技术有充分防止核泄漏的设计（AP1000采用压力壳外冷却的方式实现堆芯熔化后熔融物滞留在压力壳内，杜绝核泄漏。EPR设计了堆芯捕集器，在反应堆厂房（安全壳）中设有专门的堆芯熔融物收集区，用以收集和冷却熔融物，防止向环境扩散）。而对于严重事故的工况下确保水资源安全的问题，新一代核电技术所采用的非能动安全系统不依赖外来的动力源，而完全靠自然对流、重力、蓄压势等自然本性来实现安全功能。如果发生严重事故，即使全厂失去电源，非能动安全系统仍能正常发挥作用。

最后，针对辐射泄漏问题，从国际上正常运行的内陆核电厂多年采集的数据来看，这些核电厂周围的辐射剂量仅随当地的自然本底辐射[①]涨落，远远低于国家规定的辐射剂量。

中国内陆核电的启动、中断与趋势

20世纪70年代末，中国便开始酝酿发展内陆核电并开展了

---

① 自然本底辐射：指人类生活环境本来存在的辐射，主要包括宇宙射线和自然界中天然放射性核素发出的射线。

较大规模的核电厂址普选工作。例如，早在 1977 年，湖南小墨山就已入选核电站厂址，是我国内陆规划最早的核电站厂址。但早期我国并未发展内陆核电，其中包含有历史因素和一次能源平衡问题：早期的核电价格高于其他电力形式，发展内陆核电并不合算。考虑到沿海经济发展比较迅速，电网容量较大，能承受核电大机组运行，且距产煤地较远，又缺乏水力发电资源，国家率先在东部沿海建设了一批核电站，改变了一些省份完全依赖北煤南运、西电东送的困境。

随着经济不断发展，部分内陆省份对能源的需求也与日俱增。2008 年 2 月，国家批准湖南桃花江、湖北大畈和江西彭泽三个内陆核电项目开展前期准备工作。有着"内陆首核"之称的桃花江核电项目本该按着 2011 年正式开工建设，2015 年投入商业运行的计划进行积极准备。然而，2011 年 3 月的日本福岛核事故，中断了这一进程。2011 年 3 月 17 日，国务院召开常务会议，作出了四条决议，被称为核电"国四条"。"国四条"指出，"核安全规划批准前，暂停审批核电项目包括开展前期工作的项目"。全国民用核设施的安全检查工作，从当年 3 月一直持续到 12 月。2012 年 10 月 24 日，国家对内陆核电下了判书："十二五"期间不再批复内陆核电项目。

福岛核事故之后，中国的核电发展一度陷入停滞，直到 2012 年 10 月，沿海核电重启。2014 年初，国家能源局提出"要适时启动核电重点项目审批，稳步推进沿海地区核电建设，做好内陆地区核电厂址保护"。2014 年政府工作报告明确提出要"开工一批水电、核电项目"。2016 年 3 月 7 日，湖南省政府官网发布消息称："根据工作需要，省人民政府决定成立湖南桃花江核电建设项目协调暨公众沟通工作领导小组"，号称"内陆首核"的桃花江核电站一时成为舆论焦点，"内陆核电"也再次成为热议话题。

鲜为人知的是，中国核电的第一度电，并不是沿海核电发出的，而是地处四川省夹江县的核动力研究设计院下辖一所发出的。事实上，我国早期为了发展核军事技术，已经在内陆建设了多座反应堆。虽然目前中国内陆尚未开建用于商业运营的核电站，但是位于内陆的用于科学研究的核反应堆数量却不少。

面对资源、环境的制约和国家发展对能源增长的迫切需求，发展核能将是中国不得不做出的重大战略选择。长期来看，重启内陆核电是大势所趋。公开资料显示，已有十余省计划部署内陆核电，如河南、广东、福建、四川、贵州、重庆、安徽、吉林、黑龙江等，已完成初步可行性研究报告审查的厂址有 31 个。然而，在核电发展的后福岛时代，舆论的压力与各地的"邻避效应"相互作用，公众对于建设内陆核电站一度竟有"逢上必反""谈核色变"之势，这无论如何都不是一个好现象。

中国政府要不要发展内陆核电，何时开建内陆核电、在哪里建，厂址的适应性、工程措施的可行性、利益代价如何平衡等一系列问题，对国家的核能战略和安全战略无疑具有深远影响。在现有的技术条件下，满足我国对一种能量密度大、稳定、清洁能源的迫切需求的能源形式只能是核电。随着沿海核电厂厂址逐步开发完毕，中、西部地区经济飞速发展，内陆核电的开工建设是必然趋势。

2017 年 9 月 1 日，《中华人民共和国核安全法》由中华人民共和国第十二届全国人民代表大会常务委员会第二十九次会议通过，2018 年 1 月 1 日起，该法正式施行。值得注意的是，《核安全法》并未对"内陆核电"作出单独划分，这就表示内陆核电与沿海核电一样，在法律层面并无区别对待。同时，关于舆论对于核电讨论的尺度，《核安全法》进行了明确的规定："公民、法人和其他组织不得编造、散布核安全虚假信息"。可以预见的是，在公众接受度逐渐提高之后，内陆核电有望获得实质性的突破。

"打铁还需自身硬"，进一步提高核电技术水平，提高安全标准，是中国核电事业发展之根本。此外，更新观念，加强公众参与机制建设，积极开展核电科普，提升公众对核能的认知度、理解度和接受度，科学理性地认识内陆核电，也是当务之急。

2017 年 5 月 5 日是一个值得纪念的日子。这一天，中国自主研制的 C919 大型民用客机试飞成功，举世瞩目。前事不忘，后事之师。中国大飞机的翱翔之路历经坎坷，回顾中国的航空工业梦想与奋斗之路，对于理解今天的中国航空业发展战略，无疑是有启发意义的。

中国大飞机的翱翔之路

21 世纪之初，在中国政府酝酿大飞机工程的过程中，其实是有很大争议的。最终，中国政府下决心搞大飞机，这里的原因既简单又复杂。简单来说，搞大飞机的原因，就两句话：一是有钱可赚，二是具有深远的战略意义。

搞大飞机具有巨大潜在经济价值

首先我们来看，为什么搞大飞机具有巨大的经济价值。

2009 年，波音和空客分别发表了关于未来 20 年的全球民航市场展望的报告。大体来说，他们的展望和预测是可信的。在干线客机方面，两家航空寡头对于 2009—2028 年全球民用干线飞机（100 座级以上）的市场需求预测是一致的，更有意思的是，他们都认为中国经济的平稳较快增长将对市场需求产生重要的推动作用。据他们估算，中国未来 20 年将需要新增大飞机 3 689—3 800 架，直接经济价值达到 4 000 亿美元左右。请注意，4 000 亿美元仅仅是中国市场，那么全世界呢？如果我们认同和平与发展是世界发展的主流这一判断，那么，可以推断，全球大飞机市场的经济价值将是一个天文数字！

看到这里，有人要质疑了：即便你造成了大飞机，国际市场不一定买，因此，也就是咱们的国内市场，可是上面的论述却没有计算搞出大飞机要花多少钱。保守估计，大飞机项目的前期直接投资超过 2 000 亿人民币，要真正搞成，还不知道要砸进去多少钱。因此，即便搞成了，也不一定赚钱，说不定还赔钱呢。有这样疑问的人可能还不少，我们不妨来分析一下。

首先，搞大飞机不一定赚钱这个说法本身就是有问题的。确实，如果只把未来某一段时间我们造出的飞机的售价总和与投资总额进行比对，可能会得出不合算的结果。但是，这种做法有个极大的漏洞，就是没有考虑到大飞机产业的经济溢出效应。航空工业是知识密集、技术密集、资本密集产业，产业链很长，其发展不仅能够促进本国科技进步，而且能带动大批相关产业的持续发展，其智力、技术和经济的溢出效应是难以估量的。仅以航空发动机的研制为例，据日本业界的一项研究，在单位重量创造的价值比这一数值上，船舶为 1，轿车为 9，计算机为 300，支线飞机是800，而航空发动机高达1 400，被称为世界工业产品"王冠上的明珠"。因此，搞大飞机赚不赚钱、合不合算，根本就不是一个问题。

搞大飞机主要不是为了赚钱

其次，搞大飞机的战略意义更为深远，非经济价值所能衡量。

先讲两个小例子。2008年汶川特大地震令中国人民难以忘却。地震发生的最初几天，震区交通中断，地面人员难以接近受灾最严重的核心区。此时，最好的救灾方式就是空投救灾人员和物资，并通过空中力量运出受灾人员。必须肯定，人民子弟兵尽了最大的努力，媒体上已有充分的报道。可是，大家能够看到多少空投的画面和空运伤员的镜头？的确有，但多吗？真的不多！究其原因，不是人民军队不想投入更多的空中力量，是咱们力量有限。另一个例子，是关于我们的南海。至少现在大家都承认，我们要更好地保护祖国南海的广袤海疆，不仅海军力量要强，空中力量也要强。相当长一段时间我们在南海处于被动的局面，与我们的海空力量薄弱有很大关系，这是人所尽知的。

那么，上面这两个例子与大飞机的研制有什么关系呢？

现代航空业从其诞生开始，就带有明显的国防工业色彩，早期的飞机就最先用于军事。因此，现代航空工业被认为是典型的"军民结合"产业，世界上所有的航空工业企业（尤其是波音和空客两大寡头）都是同时生产军用飞机和民用飞机，美国军方就一直是波音公司的大客户。道理很简单，主要原因在于降低成本、增加利润，根本在于技术的通用性。对于一个国家而言，民机的水平上不去，军机的水平也好不到哪里去。这一点就特别适合解释中国的状况。因此，中国通过搞大飞机工程，提高飞机研制的水平和能力，不仅具有潜在的经济价值，其战略意义更是不能用经济价值来衡量的。也就是说，即使搞大飞机不赚钱，我们也必须搞。我们搞大飞机，主要并不是为了赚钱。这一战略意图，即便我们不说，人家也是懂的，2007年中国正式立项大飞机工程以来，西方媒体已经不知道多少次在这一点上做文章了。

飞机在现代社会的特殊功能与价值日益凸显。如果说核武器是战略威慑力量，那么飞机就是战略任务的执行力量。核武器是不能轻易用的，核战争的门槛是极高的，大量的常规战略任务是要靠飞机去执行完成的。在未来，飞机将在国家的重大紧急状态中发挥无可替代的作用，比如抢险救灾、大规模人员与物资的紧急调动等。并且，一旦国家进入紧急状态，95%的民用飞机都可以转为战机使用或是其他特殊用途。类似这种情况的电影镜头在美国大片中已是司空见惯的了。因此，对中国而言，不是要不要搞大飞机的问题，而是怎么样又好又快搞成的问题！

至此，搞大飞机的重大战略意义已无须更多的讨论。接下来的问题是，这么重要的事情，怎么给人感觉是从 2007 年才开始受到重视的呢？换句话说，中国人的航空工业梦想有着怎样的曲折历史呢？

先发展导弹还是先发展飞机？

中国人的航空工业梦想，可以追溯到 20 世纪初。1909 年前后，冯如制造并试飞了中国人的第一架飞机。而世界上的第一架飞机，也不过是在早几年（1903 年）被美国人莱特兄弟发明出来。就此而言，中国人研制飞机的最初实践并不落后于世界太多。然而，处于列强瓜分下的中国，注定难成大事。

中国人开始认真考虑研制飞机这件大事，是在抗日战争时期。侵华日军凭借其强大的空中力量，不仅肆无忌惮地用飞机轰炸中国军队，而且还大肆轰炸中国的城镇和无辜百姓，其目的在于试图摧毁中国人的抗战意志。历史证明，日本帝国主义错了。面对侵华日军的暴行，中国人没有被吓倒。有识之士开始思考克敌良方，"航空救国"思潮便在这种反思中萌发并最终成为国民政府的战略决策。

一方面，国民政府大量买进美国军用飞机，组建中国人自己的空中武装力量，甚至还邀请美国空军直接来华参加对日作战，著名的"飞虎队"和"驼峰航线"就在中国抗日战争史上留下了深刻的印记。另一方面，国民政府也为制造飞机做准备，成立航空委员会和航空研究院，建造飞机制造及修理厂，大学里开设航空工程相关专业与课程以培养人才。钱学森就是在交通大学读书期间，受"航空救国"思想影响，毅然改变学业方向，转而主攻航空工程并以此作为赴美深造之专业。

1949 年新中国的成立，开创了中国历史的新纪元。出于国防需要，制造飞机成为必需的战略选择。不过，那时领导人考虑的主要是制造战斗机以充实空军力量，难以顾及民用飞机。即便是制造战斗机，也主要是在老大哥苏联的帮助下进行的，后来中国自己制造的比较有名的"歼击机"系列和"歼教机"系列，都有很深的苏制飞机烙印。更重要的是，即便是空军所需的战斗机，也主要是向苏联购买，大规模研制飞机并没有成为新中国成立初期国防战略的重点，而原子弹、导弹才是重中之重。因为仅凭中国当时的经济实力、工业水平和制造能力，短时间内大批量造出飞机并入列部队用于实战，是不可能做到的事情。

中国人的航空工业梦想

中国的飞机事业，尤其是大飞机事业的转折，发生在 1970

年。那年夏天，毛泽东在上海视察，指示上海工业基础好，要造大飞机。在最高指示下，史上被称为"708"工程的研制大飞机专项任务很快上马，大型客机"运10"的研制任务在极其艰难的状况下，快马加鞭，竟真的造出来了。

必须承认，"运10"是一个奇迹。在不到10年的时间里，中国航空人用汗水和生命制造出了一架真正意义上的"运10"大飞机！"运10"不仅试飞成功了，而且在中国大地上进行了长时间大规模的试飞，几乎飞遍了中国的东西南北，甚至飞到了世界屋脊西藏拉萨。按说，有了这么好的基础，假以时日，中国大飞机的辉煌应该指日可待。然而，"运10"大飞机却于1980年代中期悄然下马了。至今，除了少量航空史爱好者和老一辈航空业内人士，大部分国人并不知道历史上还有"运10"大飞机！在很多国人的意识里，似乎中国是没有能力研制大飞机！这不能不说是一个大大的遗憾。

"运10"大飞机的下马，原因是多方面的，教训是惨痛的。有人从政治上解读，说它是特殊历史时期的产物，这注定了它的命运；有人从技术上解读，说它是模仿抄袭波音707飞机，并无新意，而且已经落后，还存在大量严重的技术问题；有人从时代背景上解读，说改革开放之后中国急需发展航空运输业，急需购买大型民用飞机，必须走市场换技术的道路；也有人从阴谋论的视角解读，说外国势力巧妙干预，麦道和波音公司为减少竞争对手，迎合中国政策意图，以合作生产、低价提供大飞机为诱饵，让中国航空业自废武功，从此一蹶不振。

"运10"大飞机下马的严重后果是，20世纪80年代以来，中国与麦道、波音（1996年麦道被波音兼并）的合作一次次令人沮丧地失败，让人谈大飞机而色变，在此后20年的时间里，国家竟然没有发展大飞机的战略规划。而近30年却是世界航空业深刻变革的30年。且不说军事上的战略意义，庞大的世界民航市场的大飞机需求，全部被美国的波音和欧洲的空客两家公司瓜分了，中国每年要支付巨额资金高价购买波音和空客的大飞机。令人震惊的是，空客的起步，仅仅比中国"运10"大飞机的起步早三年！

"心脏病"与"神经病"

在航空业界，有这么一个形象的说法：中国要研制成大飞机，必须攻克两大病症——"心脏病"和"神经病"。"心脏病"的意思是说，航空发动机是飞机的"心脏"，航空发动机制造技术，中国的研制水平还不过关；"神经病"是说，航电系统是飞机的"神经"，中国的研制水平也不过关。

研制大飞机，航空发动机是关键。时至今日，航空发动机已经成为人类有史以来最复杂、最精密的工业产品，每台零件数量在万件以上，其研制工作被称作是在挑战工程科学技术的极限。正因为如此，航空发动机素有"工业王冠上的明珠"、"工业之花"之美誉，被认为是人类工业革命 300 年来最重要的技术成果。从这些美誉之词中，我们可以看出航空发动机地位之重要、技术难度之高。2009 年初，中国政府斥巨资在上海成立中航商用航空发动机有限责任公司；2016 年 8 月，又成立了中国航空发动机集团公司，举全国之力，目的就在于研制出大飞机的"中国心"。

如果说发动机、机身、机翼等是飞机的硬件装置，那么航电系统就是飞机的软件装置。航电系统是飞机信息化装备的核心，是信息感知、显示和处理的中心，如果用人体器官来比喻的话，航电系统非常像我们的头部器官：它是飞机的眼睛、耳朵、嘴巴和大脑。航电系统的性能和技术水平直接决定和影响着飞机的整体性能，在发挥飞机效能、节能减排、降低运输成本等方面起着十分重要的作用。可以说，没有高性能、高水平的航电系统，就不可能有真正意义上的大飞机。

简单来说，航电系统就是指飞机上所有电子系统的总和，主要包括飞行控制系统、飞机管理系统、导航系统、通信系统、显示系统、防撞系统、气象雷达等主要功能系统。时至今日，航电系统的发展经历了三代（分立式、联合式、综合模块化）、五个阶段（离散式、集中式、集中分布式、综合式、先进综合式）的演变。当前，欧美民用航空电子产业中，主要以美国的霍尼韦尔集团、柯林斯集团，法国的泰勒斯集团为主，作为系统供应商，为波音、空客的大飞机配套。欧美还有一些中小型企业也生产航电系统，主打改装或者中小型飞机市场。因此，我们不得不面对的现实是，先进的航电系统主要是欧美航空业发达国家的天下。

我国航电系统的研究主要集中在军用飞机领域，民用大飞机航电系统的研发工作起步比较晚，尚未形成有竞争优势的民机航电系统设计和综合能力。因此，国产大飞机 C919 不仅在发动机上要"借船出海"，就是在航电系统上也未能实现完全的国产化。国产大飞机 C919 航电系统的主供应商是一家名叫昂际航电的中外合资公司。

2012 年 3 月，中航工业集团和美国 GE 公司以 1：1 的比例合资成立中航通用电气民用航电系统有限责任公司，也被叫作昂际航电，他们为国产大飞机 C919 项目以及其他下一代民机项目研发基于开放平台的综合航电系统，并力图成为全球知名的一级民用航电系统公司。目前，昂际航电的主要任务是为国产大飞机 C919 项目提供综合模块化航电系统（IMA），包括核心航电系统、飞机管理系统、综合显示系统、机载维护系统和飞行记录系统。

当前，电子信息技术、网络技术、软件技术和微电子技术等高新技术飞速发展，推动着航电系统向模块化、标准化、结构化、软件化和开放化快速演变，从而进一步推动航电系统向综合化、智能化、信息化、网络化、自动化和一体化方向深入发展，中国有可能在这一进程中迎头赶上，并有所超越。

适航证与大国博弈

大飞机产业的特殊性在于，即便我们有能力制造出一架质量完全合格的大飞机，这架大飞机也未必就能飞上天。因为飞机和汽车一样，是要有合格证的。比如，路面上奔跑的每一辆汽车都是有行驶证的，这个行驶证是对汽车出厂质量的认可，有了这个行驶证，这辆汽车才能取得牌照，上路才是合法的。飞机的情况也是一样的，飞机要想飞上蓝天，也必须取得合格证，这个合格证被称为"适航证"。中国的大飞机要想取得适航证进而飞遍全球，也是非常困难的。

从专业上讲，所谓适航证，是指由适航当局根据民用航空器产品和零件合格审定的规定对民用航空器颁发的证明该航空器处于安全可用状态的证件。适航是构成国家航空安全的重要组成部分，是民机进入市场的通行证。适航的目的是为了保证飞行安全、维护公众利益、促进行业发展。那么，谁有资格给大飞机颁发适航证呢？在我国，当然是中国国家民航管理总局主管此事，中国的大飞机取得中国民航局的适航证，是没有问题的。关键问题是，中国的大飞机要飞出国门，单有中国政府认可的适航证是不行的，也就是说，我们必须取得世界其他国家的认可。

那么，世界上的情况是怎样的呢？目前，全世界多数国家都认可美国联邦航空管理局（FAA）和欧洲航空安全局（EASA）的审定能力及其所颁发的适航证。因此，中国的大飞机C919要想卖到全世界去，就必须获得这两个机构的认可。按理说，咱们造好了质量过硬的大飞机，直接去申请FAA或EASA的适航证不就完事了吗？而关键问题就在这里。

正因为FAA或EASA的适航证是一架大飞机得以进入国际市场的通行证，所以，适航证已经逐渐演变成航空大国保护本国民机市场的手段。如果FAA或EASA不配合我们的适航审定申请工作，就会大大拖延我国大飞机的研制进程，并且由此导致我们的大飞机不能及时投放市场，错失市场需求的一个高峰期，从而直接导致我国大飞机在国内外市场上处于不利的竞争地位。因此，适航证被认为是我国研制大飞机的"软肋"甚至被认为是决定我国民用飞机成败的关键因素。

欧美航空大国在适航证上的垄断地位和先天优势，我们是无法动摇的。再说，人家的适航审定要求本来就是严格的，经过了长期的实践检验，得到国际认可也在情理之中。我国大飞机产业还没有走完一个真正意义上的先进民用飞机研制的全过程，如何取得国外航空当局尤其是 FAA 和 EASA 的认可，获取这些机构的适航证，不仅需要航空人的努力，恐怕更需要国家力量的介入与支持。

当前，中国大飞机已经翱翔蓝天，尽管翱翔之路并不平坦，但大鹏展翅，志在寰宇。我们相信，在党中央的坚强领导下，中国大飞机事业一定能突破重重困难，在不久的将来翱翔全世界。

1978 年 10 月，邓小平同志访问日本，对东京新干线赞不绝口。30 年后，中国以令人难以置信的速度一跃成为世界上高速铁路系统技术最全、集成能力最强、运营里程最长、运行速度最高、在建规模最大的国家。那么，改革开放以来，中国高铁经历了怎样的发展历程与华丽转身？

中国高铁的"逆袭"之路

　　如果说十多年前中国人对高铁还比较陌生的话，那么今天的中国高铁已经走进了中国老百姓的日常生活。2004 年 1 月，国务院常务会议讨论并原则上通过了历史上第一个《中长期铁路网规划》，以大气魄绘就了超过 1.2 万公里的"四纵四横"快速客运专线网。此后，中国高铁一路高歌猛进，以惊人的速度在中国大地快速延伸，取得的成就令世人刮目相看。据铁路部门的数据，截至 2017 年底，我国铁路营业里程达 12.7 万公里，其中高铁 2.5 万公里，占世界高铁总量的 66.3%，铁路电气化率和复线率分别居世界第一和第二位。目前，中国已经成为世界上高速铁路系统技术最全、集成能力最强、运营里程最长、运行速度最高、在建规模最大的国家。不仅如此，今天的中国高铁技术，还走出了国门，在激烈的国际市场竞争中初露锋芒，从亚、非、拉市场拓展到了欧美市场，让德、日等这些曾经是中国"师傅"的技术强国如坐针毡。

　　就在十几年前，中国高铁还仅仅处于技术进口的起步阶段，而现在，高铁已然成为中国高端制造业的一张靓丽的名片。那么，这十年来，中国高铁到底走过了怎样的发展历程，高铁给中国带来了什么，中国高铁如何做到如此华丽的转身，中国高铁的未来之路又在哪里？下面，我们将尝试探讨这些问题。

中国高速铁路新纪元

　　1964年，世界上第一条真正意义上的高速铁路"东海道新干线"于日本竣工，标志着世界高速铁路新纪元的到来。随后法国、意大利、德国纷纷修建高速铁路。到1990年，欧洲大部分发达国家都大规模参与修建本国及跨国高速铁路，形成了欧洲高速铁路网。紧接着，亚洲、北美洲与澳洲也都相继大规模建设高速铁路，掀起了世界范围的高速铁路建设热潮。

　　而中国人认识高铁，是从改革开放后走出国门开始的。1978年秋天，中国改革开放的总设计师邓小平在日本考察新干线时说，新干线像风一样快，我们中国现在很需要跑！那时，国外高速铁路列车的时速已达300公里，而中国旅客列车的平均时速却还不到100公里。同时，中国是一个幅员辽阔、人口众多，且人口流动频繁的国家，尤其需要优先发展铁路。然而，改革开放前20年的中国，国家和民众都不富裕，高铁技术的门槛又太高，因此，高铁并未被纳入国家相关发展战略和规划。

2000年以后，中国改革开放到了一个新的时期。经过前几十年的积累，中国经济持续快速发展，并开始深入推进城市化、产业升级和经济结构转型，对便捷交通的要求越来越高；同时，富裕起来的广大民众对便利出行的要求也十分迫切。这些一方面给高铁的发展带来了经济条件，另一方面也使得在中国建设高铁的呼声逐渐由弱变强。最终，中国政府在21世纪之初以巨大的魄力和勇气决定开始大力发展高铁技术和产业，并且在2004年初出台《中长期铁路网规划》，进一步明确发展高铁的战略步骤和目标。强有力的国家支持和战略规划支撑，是中国高铁快速发展壮大的根本保证。此外，2008年世界金融危机以来，中国加大基础设施建设投资，中央财政在"铁、公、基"上的投入超过四万亿。对于这次投资尽管众说纷纭，但这一决策的确在客观上促进了中国高铁的建设和发展。可以说，特殊的历史机遇成就了中国高铁。

现在看来，中国发展高铁的战略决策十分正确，而且成就之巨大，举世公认。然而，当初中国政府决定大力发展高铁的时候，质疑甚至反对的声音并不少，从最初对于发展高铁必要性所提出的质疑，到2011年"7·23"温甬线特别重大事故发生后，转而对中国高铁安全性产生的质疑，从未停歇。那么，当初中国政府为何要下决心发展高铁呢？高铁又为何越来越受到国人的青睐呢？

正如前文所述，改革开放以来，中国经济的快速发展为高铁建设提供了经济支持，更重要的是，中国特殊的国情和发展阶段为中国高铁的快速发展提供了内在动力。正如交通运输专家谷中原所说的那样，"中国是一个最需要优先发展铁路的国家，幅员辽阔、人口众多，民工流、学生流、探亲流、旅游流，人口流动频繁，对作为大众化交通工具的铁路需求巨大。当铁路成为运输'瓶颈'亟须发展时，高铁于是走上了前台。"高速铁路的发展，需要具备两个基础条件，一是要有足够的延伸空间，二是要有足够多的乘坐人口，这两点都非常重要，否则高铁的效率优势将较难发挥。而中国恰恰具备这两个最重要的基础条件，一方面是国土面积大，幅员辽阔，另一方面是人口基数巨大，这两点使得高铁在中国有巨大的发展空间，也容易获得快速发展。像这样的先天条件，无论是日本还是欧洲诸国，都与中国不可同日而语。

除此之外，高铁相较于其他交通运输方式有较大的节能环保优势。

首先，高铁在与高速公路和民航的比较中，显示出了明显的节能优势。研究发现，如果设定普通铁路每人每公里的能耗为1.0，则高铁为1.42，小汽车为8.5，飞机为7.44。根据另外一项研究，国产 CRH3 型"和谐号"动车组列车每小时人均耗电仅15 千瓦，从北京南站到天津站人均耗电 7.5 度，是陆路运输方式中最节省能源的。京广高铁上 CRH380A（L）以时速 300 公里运行时，人均百公里能耗仅为 3.64 千瓦·时，相当于客运飞机的 1/2、小轿车的 1/8、大型客车的 1/3。这表明，高铁相对于其他运输方式的能耗替代效应非常明显。

其次，在大气污染日益成为社会热点话题的当下，高铁与高速公路和民航相比较，大气污染物排放量大为降低。高速动车组在行驶过程中无废气排出，并且基本上消除了粉尘、煤烟和其他废气污染，从而使得铁路的环保优势更为明显。关于京沪高铁的一项研究表明，京沪高速铁路采用电力机车牵引，与内燃机车牵引对比，全线每年可减少大气污染物排放：烟尘 588.7 吨 / 年；二氧化硫 124.2 吨 / 年；二氧化碳 74.3 吨 / 年；氮氧化物 734.9吨 / 年。以 2014 年为例，国家铁路化学需氧量排放量 1 999 吨，比上年减排 108 吨、降低 5.1%。二氧化硫排放量 3.17 万吨，比上年减排 0.36 万吨、降低 10.1%。

再次，高铁的站台建设也充分遵循节能环保的理念。比如，已建成并投入使用的北京南站、天津站均设计了超大面积的玻璃穹顶，在各层地面还做了透光处理，充分利用自然光照明。北京南站采用了太阳能光伏发电技术、热电冷三联供和污水源热泵技术，以实现能源的梯级利用，还采用地源热泵提供中央空调冷热媒水，通过地埋管与土壤进行热量交换，夏季制冷冬季供热，可以减少城市热岛效应。

总之，中国高铁在规划、设计、建造过程中，已经考虑到了节能环保这一时代主题，这是高铁赢得人心并获得快速发展的一个非常重要的原因。

在发展高铁的十多年中，不仅是中国经济的崛起为中国高铁带来了发展契机，高铁的发展也加速了中国经济的进一步繁荣与发展。也就是说，高铁的发展与中国的崛起相互促进，相得益彰。

从引进到引领的神奇逆袭

中国高铁在起步阶段，主要还是依靠技术进口，从德国、日本、法国等引进先进高铁技术。"引进先进技术，联合设计生产"一开始就是我们的发展战略。比如，2004 年至 2005 年，中国南车青岛四方、中国北车长客股份和唐车公司先后从加拿大庞巴迪、日本川崎重工、法国阿尔斯通和德国西门子引进技术，联合设计生产高速动车组。对于后发国家来说，以市场换技术是实现高技术自主的必经阶段和必要环节，这并不是什么丢人的事情，反而是善于学习的典型。中国高铁能发展到今天，离不开国际技术交流。坚持引进国外先进技术，深入推进中外合作的发展路径是中国高铁迅速崛起的秘诀。

2004 年以来，根据国务院"引进先进技术、联合设计生产、打造中国品牌"的指导方针，中国高铁攻克了高速转向架等九大核心技术，受电弓等十大配套技术难题，成功研制了时速 350 公里和 250 公里两种速度等级的高速动车组，创造了时速 486.1 公里的运营列车试验的最高速度，成功掌握了集设计施工、装备制造、车辆控制、系统集成、运营管理于一体的成套技术。

尽管中国高铁一开始并未走在世界的前列，但现在，全世界都无法否认中国高铁技术先进，中国高铁在短短十几年内实现了技术突破与领先，不断刷新世界高铁建造史。近年来，中国高铁实现了从引进高铁技术到引领高铁技术的华丽转身，让德、日等高铁技术发达国家大为惊诧。人们不禁要问，中国是怎样实现高铁技术突破的，中国何以能成功实现逆袭？

首先，坚持自主创新，根据中国实际需要研发关键核心技术和产品，是中国高铁实现技术突破的关键。新中国成立以来，特别是改革开放以来，无数次的对外合作让中国人认识到，关键核心技术，我们是买不到的，只有自主创新，才能掌握自己的命运。作为高新技术与现代产业深度融合的高端产品——高铁，也是一样。发展高铁，中国人还得靠自己！正是这样的体会和认识，促进了高铁这一战略性产业的公共创新平台的诞生，坚持原始创新、集成创新和引进消化吸收再创新相结合的创新模式，以打造中国高铁品牌为目标，不断推动中国高铁技术的自主研发走向深入。

21世纪初，我国自主研制了"中华之星"、"先锋"等动车组，为高速动车组的发展奠定了坚实的基础。紧接着，作为中国高铁两大制造商的中国北车和中国南车共同实现了高铁最核心部件——牵引电传动系统和网络控制系统的百分之百中国造。牵引电传动系统被誉为是"高铁之心"，列车的动力之源；网络控制系统则被认为是"高铁之脑"，指挥着列车的一举一动。两大系统实现百分之百国产化，大大提升了中国高铁列车的核心创造能力。

其次，中国拥有完整的工业链、强大的制造能力和工程施工能力也是中国高铁成功逆袭的关键。为实现高铁成功高效运营，仅仅制造出高标准的列车还不够。正常行驶的高铁涉及动车组总成、车体、转向架、牵引变压器、牵引变流器等关键技术与配套技术，共有五万多个零部件。各项技术、各个部件协同运行，才能保障列车跑出高速。作为庞大高新技术的集合体，线路建设、运营调度系统、通信和网络系统、机械、材料，都需要相互配合。因此，高铁的发展，非有完整的工业链、强大的制造能力和工程施工能力不可。没有完整的工业链，高铁研制就难以快速消化国外先进技术，更不可能独立研发；没有强大的制造能力，产品必然受制于人，发展一定受限；没有强大的工程施工能力，以中国这么辽阔的国土面积，高铁施工速度必然难以保证。幸运的是，中国恰恰具备这三种能力，于是中国仅用数年时间，就完成了对发达国家的追赶甚至超越。而高铁技术和高铁装备的高标准，又对提升传统工业基础工艺、基础材料研发、系统集成能力及制造水平，发挥着积极作用，实现了良性循环。

高铁改变了中国

近代以来，伴随着铁路在中国的兴起与发展，中国的版图面貌已经因铁路而改变，曾经的郑州与石家庄就被称作是"火车拉来的城市"。如今，随着高铁在中国的快速延伸，"四纵四横"高铁网的逐渐形成，中国版图的面貌同样也在发生深刻的改变。

2004年，广深铁路首次开行时速达160公里的国产快速旅客列车，被誉为中国高铁的"试验田"。2007年4月18日，全国铁路实施第六次大提速和新的列车运行图。繁忙干线提速区段达到时速200至250公里，"和谐号"动车组亮相并从此驶入中国百姓生活。2008年8月1日，中国第一条具有完全自主知识产权、世界一流水平的高速铁路京津城际铁路通车运营，一时惊艳世界。2009年12月26日，世界上一次建成里程最长、工程类型最复杂的武广高速铁路开通运营，高铁经济迅速成为热议话题。2010年2月6日，世界首条修建在湿陷性黄土地区，时速350公里的郑西高铁开通运营。2010年7月1日，沪宁城际高铁开通运营，"同城生活"一时成为时尚。

"同城效应"便是高铁带来的一个重大改变。在现代陆、空交通工具中，火车、汽车与飞机都各有优势。汽车侧重于短途，火车与飞机都侧重于长途，其中，飞机出行尽管有速度快、时间短的优势，但其价格目前很难使其平民化，日常出行也不够便捷；而火车尽管由于价格亲民，乘坐便利等优点而容易受到普通老百姓的青睐，但其运行速度仍然无法满足人们日益增长的出行需求。而高铁的出现，改变了铁道运输在速度上的明显劣势，将人们传统概念中的城市距离从时间上大大拉近。2008 年夏天，京津城际高铁开通运营，从北京到天津只需短短 30 分钟，在北京和天津这两座城市过同城生活，不再是一件"瞎折腾"的事情了，京津一体化战略也不再是纸上谈兵。2009 年底，被认为是全世界一次建成里程最长、工程类型最复杂的武广高速铁路开通运营。"早餐热干面，午餐白切鸡"，"才饮珠江水，又食武昌鱼"的顺口溜应运而生，生动又贴切地说明了武广高铁给湖北、湖南、广东三省带来的巨大变化。2010 年 7 月，沪宁城际高速铁路开通运营，上海到南京的最短时间已缩短至一小时，苏南的镇江、常州、无锡、苏州等城市已经完全融入上海的一小时都市生活圈。"南京人下班后去上海听一场音乐会，无锡人到南京秦淮河赏夜景……"这便是高铁给长三角地区民众的生活所带来的变化。2015 年春，笔者曾到无锡江阴讲学，有意亲身体验了一把无锡与上海之间的同城生活，两地往来不仅快捷，又因途经两地的高铁车次非常多，不到半小时就有一趟，所以乘坐非常便捷。这令笔者不禁感慨道："不是高铁让江浙沪变小了，而是高铁让上海变大了！"

正因为大家都看到了高铁的优势和可能带来的巨大改变，所以高铁沿线地区都尽可能做足"高铁经济"。正所谓"高铁一响，黄金万两"，这是中国地方政府和民众对高铁的期待。据报道，武广高铁通车之后，昔日三省之间的长途游因高铁变成"短线游"，迅速带动了粤湘鄂旅游业的持续升温。除了旅游经济，武广高铁的开通，还为广东向湖南、湖北进行"产业转移"提供了契机。这是由于广东经过改革开放30多年的发展，产业聚集，但也因发展而出现"地少价高"的问题，经济学者们甚至认为，在这条高铁的串联下，将会形成崭新的经济带——"武广经济带"。

再比如沪宁、沪杭等高铁线路，已经让江浙沪三地更为紧密地联系在一起，长三角地区一体化进程也在加速推进。正如江苏省社科院张颢瀚所言，"今后，沪宁城际之间将形成一个都市群，这个都市群同时又是一个一小时交通圈。在这个交通圈里，任何一个城市都可能成为工作和生活的地点。"上海与江苏之间是如此，上海与浙江之间的情况亦如此。事实上，现如今在江浙沪之间游走的"都市族"已经大大增加，江苏的昆山和浙江的嘉善，都居住着大量在上海工作的上班族。同时，随着上海至合肥、上海至南昌等地动车组的开通运营，长三角的范围也已经大大扩展，安徽、江西也将融入长三角经济圈。

高铁拉近了东西南北不同城市在人们心理上的距离，让中国"变小"了，它改变了人们的生活方式，带来了经济发展的新动力。高铁带给中国的不只是一场经济地理上的革命，也是一场时空观念上的革命，它影响着中国社会生态，改变着人们的观念和生活方式。当中国大地被四通八达的高铁网连起来的时候，中国人在经济、社会，乃至私人活动的空间、时间等各个方面，都将发生深刻变化。原来因距离阻隔而遥不可及的事情，现在由于高铁而成为可能，这将极大地刺激中国人的想象力。假以时日，这种想象力将会转变成伟大的创造力。

中国高铁正在走向世界

现如今，中国高铁不仅在国内蓬勃发展、开疆拓土，而且已经走向世界，成为中国制造的靓丽名片。据媒体报道，2009 年 10 月，俄罗斯联邦总理普京访华并参加上海合作组织成员国政府首脑理事会会议时，中俄两国签署中俄发展高速铁路备忘录，中国将帮助俄罗斯建设高铁。同年 11 月，美国通用电气和中国铁道部签署备忘录，双方承诺在寻求参与美国时速 350 公里以上的高速铁路项目方面加强合作。2010 年 7 月 12 日到 15 日，阿根廷总统费尔南德斯到访中国期间，与中方签署金额高达 100 亿美元的多项铁道科技出口合约。2015 年 9 月，在"一带一路"战略的推动下，泰国就中泰铁路建设与中国确定了合作意向，规划铁路全长 867 公里，将由中铁建东南亚公司承建，有望年内上马。

近年来，中国高铁走出国门，参与世界诸多国家的基础设施建设，已成新常态。中国高铁能够走出去，需要两个前提条件，一是有市场需求，二是中国高铁技术在国际范围内有竞争优势。伴随而来的问题便是，第一，伴随着世界航空业的发展，铁路建设曾一度停滞，现在何以复兴？第二，中国高铁具有哪些优势，何以能够受到世界青睐？

要谈铁路何以复兴，高铁何以被大多数国家所重视，还得从世界铁路发展史谈起。

1825 年，世界第一条仅有 21 公里长的铁路在英国斯托克顿至达林顿建成，尽管这条铁路还比较简单，但是相对当时的马车运输，铁路运输的优越性迅速被人们所认识，铁路作为人类社会发展的标志性产物，很快进入快速发展阶段。到 19 世纪末，世界铁路发展到 65 万公里；到 20 世纪 20 年代翻了一番，达到 127 万公里，成为世界陆路运输垄断性运输工具，为人类文明进步与经济发展做出了巨大贡献。不过，到了 20 世纪 50 年代，随着公路、航空、管道等多种交通运输工具的出现、兴起与迅速发展，铁路的优势不再明显，一度陷入低潮，被称为"夕阳产业"。到了 20 世纪 80 年代，由于世界能源紧缺和环境危机，铁路运输的优越性被重新认识，特别是信息技术、自动化技术、制造技术和材料科学等高新技术在铁路行业得到广泛运用，大大提高了铁路的技术标准，铁路运输在高速、重载等技术方面突飞猛进，世界铁路开始由衰退走向复兴。也就是在这一进程中，高铁开始受到诸多国家的重视，并以其技术上的快速发展和性能上的巨大优势迅速在世界上开疆拓土。

高铁近年来的快速发展与其高性价比，尤其是与航空、海运相比较显示出来的巨大优势密切相关。就高铁与航空相比较而言，高铁技术上的进步使得其运行速度正在向航空靠拢，而效率却要比航空运输更高——高铁的载人运输量与发车密集度相比飞机，其优势是不言而喻的。与此同时，在高铁高速发展的同时，货运的重载铁路也正在高速发展。过去，货运列车的单列运输量约为两三千吨，而如今已高达两三万吨，运行速度也正大幅提高。现已经建成的中国重载铁路山西中南部铁路通道的莱芜至日照段就是按时速 200 公里设计的。这意味着，未来高速铁路和重载铁路完全可能结合起来，高铁惊人的运输能力将有可能重新改写人类交通运输史。就高铁与海运相比较而言，高铁如能连通不同国家，将比海运更有优势。铁路在国际贸易的货物运输上，不但具有比海运运量大、运费低的特点，还将比海运更有效率、更安全。高铁的发展所带来的陆上运输重大变革，被认为是正在颠覆过去几百年来人类社会主要靠海运进行国际贸易运输的现实，而中国被认为将在这一进程中大有作为。

那么，中国高铁何以受到世界青睐呢？

一名中国铁道专家认为，中国的高铁技术相对于德国、日本等有三个优势："一是从工务工程、通信信号、牵引供电到客车制造等方面，中国可以一揽子出口，而这在别的国家难以做到。二是中国高铁技术层次丰富，既可以进行 250 公里时速的既有线改造，也可以新建 350 公里时速的新线路。三是中国高铁的建造成本较低，比其他国家低 20% 左右。"

2014 年 7 月 10 日，世界银行发布了中国高铁分析报告，对中国在短短六七年时间里建成 1 万公里高铁网（按时速 250 公里/小时计算）的成就进行了解读。报告指出，中国的高铁建设成本大约为其他国家的三分之二。2013 年末从对 27 条运行中的高铁建设成本进行的详细分析中可知，尽管各线路的单位成本差异很大（设计时速 350 公里的线路单位成本为每公里 9 400 万至 1.83 亿元。设计时速 250 公里的客运专线（个别除外）的单位成本为每公里 7 000 万至 1.69 亿元），但加权平均单位成本（包括工程筹备、土地、土建工程、轨道工程、车站工程，四电工程，机车车辆，维修场站，以及建设期利息等成本）为：时速 350 公里的项目为 1.29 亿元 / 公里；时速 250 公里的项目为 0.87 亿元 / 公里。相比之下，欧洲高铁（设计时速 300 公里及以上）的建设成本高达每公里 1.5—2.4 亿元人民币，加利福尼亚州高铁建设成本（不包括土地、机车车辆和建设期利息）甚至高达每公里 5 200 万美元，约合 3.2 亿元人民币。

该报告称，以中国引进德国的板式轨道制造工艺的线路为例，由于中国的劳动力成本较低且产量很大，因此中国制造该产品的成本比德国产品低三分之一左右。因此，低成本使得中国高铁在世界上具有很大竞争力。但报告也指出，中国之所以具有较低的单位成本，原因不仅在于劳动力成本较低，还在于其他几个方面的因素。从规划层面来说，颁布可信的中期计划——中国将在六七年内建造高铁里程达一万公里——激发了施工单位及设备供应团体的积极性：迅速提升产能和采用创新技术，以利用与高铁相关的大量施工资源。同时，由于相关施工单位在机械化施工及制造过程中开发了很多具有竞争优势的本地资源（土建工程、桥梁、隧道、动车组等），也大大降低了单位成本。此外，庞大的业务量以及可以采用摊销资金投入的方式购买可用于多个工程的高成本施工设备，也有助于降低单位成本。说到底，规模效应和集约化的强大施工能力是中国高铁降低成本的根本所在。在技术先进、质量安全的前提下，低成本无疑是中国高铁参与世界竞争的撒手锏。

高铁的延伸，正在和人类全球化、欧亚大陆经济整合的大趋势叠加在一起。这些有利因素的叠加，使得质优价廉的中国高铁事实上正在成为改变世界规则的有力工具。2013 年 9 月，中国领导人高瞻远瞩，提出建设"丝绸之路经济带"的伟大构想，随后中国政府又倡议成立亚洲基础设施投资银行（简称"亚投行"）。"一带一路"战略和倡议成立亚投行，被誉为中共十八大以来中国对外开放和对外交往中最具影响力的典范之作。2015 年 8 月 6 日，央视新闻联播特意用长达三分四十四秒的时间播报"一带一路"建设的成绩："'一带一路'建设不是中国一家的独奏，而是沿线国家的合唱，目前'一带一路'倡议已经得到沿线 60 多个国家和国际组织的积极响应。今年上半年，在全球需求放缓和全球外商直接投资下滑的大背景下，我国与'一带一路'沿线国家的投资贸易合作，均实现逆势增长，'一带一路'建设正在全方位加速推进。"

"一带一路"战略的实施要靠什么来连接呢？靠什么来加强各国的贸易和人员往来？重要的途径或载体之一就是要靠高铁。亚投行的成立，就是要配合丝绸之路经济带，推进欧亚大陆之间的高铁等基础设施建设。高铁的发展使得陆上的整合变得更加容易和更加有经济价值。如今，欧亚大陆上正在构筑的国际铁路网包括泛亚铁路，第一、第二、第三条欧亚大陆桥等等，当这些铁路干网逐渐形成合力，高速铁路和重载铁路覆盖欧亚大陆，那么，欧亚大陆上各国将更趋于合作而非敌对，大家都会迎来新的经济发展机遇。乐观的学者甚至认为，民族矛盾和冲突最集中的中东地区未来将会因为高铁、重载铁路支撑下的丝绸之路经济带战略而改变，民族和解和经济发展将会成为绝对主旋律，贫穷落后的非洲，也会因为欧亚大陆经济的加速整合而迎来巨大的发展机遇。

如果说远洋能力拓展的是一个国家的"海权"，那么，高铁建设能力拓展的是一个国家的"陆权"。未来将是一个"陆权"和"海权"并重的时代。我们期待中国能充分抓住时代的机遇，充分发挥自己的优势，大力发展以高铁为代表的高端制造业，提高集约化施工建设能力，为世界的和平与发展做出应有贡献，为实现中华民族伟大复兴的中国梦积聚力量。

当今时代是一个信息化的时代，大到国家的发展，小到我们每个人的生活，可以说一天也离不开电子产品。表面上万千变化、多种多样的信息网络产品、设备及其运用，已经成为现代社会不可或缺的重要组成部分。不管现代社会多么繁华，追根溯源，一切的一切，都以数据信息的形式保存在那些大大小小的芯片上。那么，中国的芯片技术水平和芯片产业怎么样呢？让我们从著名的斯诺登事件说起。

"斯诺登事件"启示录：中国要强"芯"

2013 年 6 月 5 日，一个叫斯诺登的美国中情局前职员引爆了全世界的敏感神经。根据他的爆料，英国《卫报》率先披露了美国情报机构对全世界的"野蛮"监控。一时间，全世界的国家元首或是政府机构代表纷纷发表谈话，谴责美国的"野蛮"行径。那么，美国人是怎样做到神不知鬼不觉监控全世界呢？"斯诺登事件"又给了我们中国人怎样的启示呢？

斯诺登揭露了一个惊天阴谋

"斯诺登事件"注定是要被写进历史的，因为这一事件让世人看到了那个号称世界上最自由民主的国家的蛮横霸道的另一面，也让世界各国意识到自己的国家安全正在遭受着怎样的隐形威胁。各国纷纷审察本国的网络信息安全系统，以修补漏洞，亡羊补牢，为时未晚。

这项代号为"棱镜"（PRISM）的绝密监听计划启动于2007年，由美国国家安全局（NSA）和联邦调查局（FBI）组织实施。根据斯诺登的披露，"棱镜"计划能够使美国情报机构直接进入美国网际网路公司的中心服务器里挖掘数据、收集情报，对即时通信和已有资料进行深度的分析，监听监视对象包括任何在美国以外地区使用参与计划的公司服务的客户，或是任何与国外人士通信的美国公民。

"棱镜"计划是如何深度挖掘情报并能监视全世界任何一个美国想要监视的特定组织或是个人呢？答案就是与美国网络巨头公司深度合作。

据斯诺登披露，包括微软、谷歌、苹果、Facebook、雅虎在内的九家网络巨头在美国政府的威逼利诱之下参与了"棱镜"计划，这使得美国国家安全局和联邦调查局能够直接进入上述巨头公司的中心服务器，实时跟踪用户的电邮、即时消息、视频、照片、存储数据、语音聊天、文件传输、视频会议、登录时间和社交网络资料细节等各类上网信息，全面监控特定目标及其联系人的一举一动。

斯诺登揭露的是一个惊天阴谋。尽管美国政府坚持拿保卫国家安全和反恐作为挡箭牌，但包括美国盟友在内的全世界各国和国际组织都对美国的这一行径表示最强烈的反对。因为如果任由美国这么下去，结果就是全世界各国家、各社会组织、甚至全世界的每个人，都毫无隐私地完全暴露在美国政府面前，全世界的一举一动都完全在美国政府的掌控之下。如此一来，美国要想整垮一个自己不喜欢的国家、组织或个人，简直不费吹灰之力！这实在是太可怕、太恐怖了！所以，全世界都因这种发自内心深处的恐惧而强烈反对美国的这一野蛮行径。或许是受此影响，目前在中国，有一定级别的领导干部是不允许使用苹果手机的，这已不是什么秘密。

那么，为什么美国能够做到监听、监视全世界呢？原因就在于美国的信息网络科技力量异常强大，全世界都高度依赖美国的信息技术。换句话说，从硬件到软件，从电子产品到虚拟网络世界，核心技术全是美国主导。当全世界到处都用由美国信息网络公司生产或是控制的产品及服务时，美国就有了监听、监视全世界的可能和机会了。换句话说，也正是因为美国引领、主导21世纪的信息科技革命，使它有能力、有条件"欺负"全世界。

为什么这么说呢？答案就在于其芯片（集成电路）技术的绝对领先。

表面上万千变化、多种多样的信息网络产品、设备及其运用，已经成为现代社会不可或缺的重要组成部分。不管现代社会多么繁华，追根溯源，一切的一切，都以数据信息的形式保存在那些大大小小的芯片上。可以说，今天人类社会的生产生活秩序，就建立在无数个体积娇小但信息容量惊人的芯片之上。然而，世间无完美之物，芯片也不例外。

据笔者请教一名资深行内专家得知，任何芯片在理论上都是有缺陷的，不可能是尽善尽美的，它不仅有寿命，也会生病，还会因天生的某种缺陷而被人攻击。更要命的是，任何芯片的缺陷或命门之所在，它的设计者都是非常清楚的，行内叫作设计者留有"后门"。换句话说，美国公司可以卖给你一块昂贵的高端芯片，但美国要真的想窃取机密，在理论上也是有办法的。

读到这里，大家也许已经明白，一个国家的信息大厦，是绝对不能建立在依靠外来芯片搭建的基础平台之上的，因为，谁都不愿意日夜面对一个潜在的并且无法估量的安全威胁。

美国对华芯片禁令

如果说，"斯诺登事件"说明了实现芯片国产化对国家安全的极端重要性，那么问题还有另一面。那就是，真正重要的、高端的核心芯片和技术，人家根本就不卖给你！

2014 年 4 月 9 日，美国商务部发布公告，决定拒绝英特尔公司向中国的国家超级计算广州中心出售"至强"（XEON）芯片用于天河二号系统升级的申请。此令一出，立即引起多方关注。都说美国崇尚自由贸易，其实在高端技术领域，美国对自己的商业公司的管控严着呢。

美国为什么要对中国实施芯片禁令呢？据美国媒体报道，美国商务部称，使用了两款英特尔微处理器芯片的天河二号系统和早先的天河1号A系统"据信被用于核爆炸模拟"，因此四家位于中国的机构包括国家超级计算长沙、广州、天津中心和国防科技大学因为从事实质上危害美国国家安全和外交利益的活动被列入出口管制名单。

美国人给出的理由是难以让人信服的。正如业内专家指出的那样，无论是出于安全或是保密的角度来说，天河二号都不可能直接用于核爆炸模拟，所以"被用于核爆炸模拟"的理由更多是一种莫须有的借口，真正的原因则另有隐情。

在超级计算机领域，美国、日本一直处于领先位置，中国属于后来者、追赶者。当中国的发展速度太快，开始冒出苗头威胁到既有格局时，原来的霸主就不高兴了。自2013年以来，在世界超级计算大会上，中国的天河二号已经连续多次夺得冠军，正如业内人士所指出的那样，"或许是出于对于天河二号升级后可能连续六次甚至八次夺冠的担忧，所以天河二号成为芯片禁售的对象"。

事情还没有结束。为保持美国在高性能计算领域的霸主地位，奥巴马于2015年8月签署了一项行政命令，授权建立美国"国家战略计算项目"（NSCI）。英国广播公司报道说，由于中国拥有世界上最快的计算机，美国很明显就是要在这一领域中挑战中国的霸主地位："美国已经意识到了一个事实，即如果想继续留在竞赛中，就要有投资。"日本共同社报道的标题为"美国计划夺回超级电脑头名位置，奥巴马向中国发起挑战"。可见，美国是不容许他国挑战自己在高科技领域的霸主地位的，想让美国卖给我们高科技，根本就不可能。

核心技术是买不到的。这是中国人经历无数次的教训得出的一个真理。芯片技术就是现代信息核心技术中的核心，其重要性已经导致以美国为首的西方国家通过一切手段来保证自己的主导地位。不掌握芯片技术就无法保证国家安全，而中国掌握芯片的核心技术又正是那些既得利益国家所最不愿意看到的。因此，我们除了自主研发，逐步实现中高端芯片的国产化，别无他途！

高端芯片大量依赖进口

芯片有高、中、低端之分。低端芯片多用在洗衣机、空调等家电上面。中端芯片可以用在稍微智能的终端上面，比如银行卡的芯片，普通手机和电脑设备上的非核心芯片等等。高端的芯片，主要是应用在CPU、大型网络交换机等重要设备上。

在信息社会，芯片产业被誉为是国民经济和社会发展的战略性、基础性、先导性产业，在计算机、消费类电子、网络通信、汽车电子等诸多重大领域起着关键作用。国际金融危机后，发达国家加紧经济结构战略性调整，集成电路产业的战略性、基础性、先导性地位进一步凸显，各国纷纷抢占战略制高点，在这一领域投入了大量创新资源，竞争日趋激烈，美国更是将其视为未来 20 年从根本上改变制造业的四大技术领域之首。

目前，世界芯片产业的格局是美国一家独大，世界主要芯片设计、生产和供应企业主要集中在美国，比如大家比较熟知的有英特尔、高通等。并且这些企业通过芯片的专利垄断使得别的国家无法在同领域直接竞争，这种专利垄断对后发国家的发展打击是致命的。

目前中国的芯片技术和生产工艺整体上与美国无法相比，但要说中国芯片生产能力非常差，那也是妄自菲薄。事实上，中国在低端芯片的生产上，是可以完全自足的，也是中国制造的有力支撑。问题主要在中高端产品的产业和技术上。

中国中高端芯片需求，基本上依靠进口。根据国务院发展研究中心发布的《二十国集团国家创新竞争力黄皮书》，中国关键核心技术对外依赖度高，80% 芯片都靠进口。工业和信息化部的数据显示，2013 年我国集成电路进口额高达 2 313 亿美元，同比增长 20.5%，而海关总署数据显示同期我国原油进口总额约 2 196 亿美元。事实上，多年以来中国集成电路进口额一直超过石油，长期居各类进口产品之首。不过，近年来，随着中国芯片产业的发展进步，这一状况已明显好转。

另一方面，中国拥有全球最大、增长最快的集成电路市场，2014 年产业规模达到 14 万亿元，生产了 16.3 亿部手机、3.5 亿台计算机、1.4 亿台彩电，占全球产量的比重均超过 50%，但主要以整机制造为主。由于以集成电路和软件为核心的价值链核心环节缺失，嵌在这些电子产品中的芯片专利费用却让中国企业沦为国际厂商的打工者。

搞芯片难在哪里？

那么，芯片产业的发展难在哪里呢？换句话说，既然芯片这么重要，应用这么广泛，为何至今我们的发展仍不如人意呢？要回答这个问题，还要从芯片技术及其产业本身的特点说起。

芯片行业，是一个典型的高智力、高投入、高风险行业。

先来看高智力。芯片行业是典型的技术密集型行业，巴掌大的小小的芯片，从用户需求到产品，经历设计、制造、测试、封装等多道程序，每一步都是技术高度密集，中国在总体上所掌握的关键核心技术，都与先进国家有巨大差距。历史地看，中国芯片产业起步较晚，核心技术受制于人，集成电路产业在核心技术、设计、制造工艺、产业规模、龙头企业等方面，与世界先进水平相比都有较大差距。大体而言，目前我国的芯片产业，芯片设计水平与国际基本相当，封装技术水平有四五年差距，制造工艺差距在三年半左右。正如很多专家认为，中国芯片产业的发展要有"打持久战"的充分准备。

其次是高投入与高风险的并存。芯片行业本身具有高投入、长期发展、回报周期长的特征，普通芯片制造企业的投资都要达到数百亿级之巨。因此，一般的企业难以承受。有人说了，咱们中国现在不差钱，只要国家肯投资，别说几百亿，就是上千亿也不成问题。此话的确不假，放在其他行业也许是有效的，但这种思维模式在芯片行业是不灵的，因为芯片行业的发展遵循着一个叫作摩尔定律的法则。

摩尔定律是由英特尔创始人之一戈登·摩尔提出来的。其核心思想是，当价格不变时，集成电路上可容纳的元器件数目，约每隔18—24个月便会增加一倍，性能也将提升一倍。摩尔定律揭示了信息技术进步的神速。

摩尔定律在推动着芯片技术不断更新的同时，也逼着你不断追加投资，芯片制造业由此踏上了一条所谓的"不归路"——不停地更新产品、更新工艺、更新设备；而每一次更新，都是一次巨大的投资。这种投入大、回报周期相对较长的行业特点，使得芯片产业成为高风险产业，一般社会资本都不愿进入。这种高风险，又使得芯片行业产生所谓"大者恒大"的行业特征，很容易形成自然垄断，后来者发展难度极大。

因此，理性地来看，中国要"强芯"，就要做好打持久战的准备，要尊重产业规律，科学规划，既要舍得"砸钱"，又要注重攻克关键核心技术，还必须走消费者认可的市场化之路。除此之外，并无坦途和捷径。

2014 年 6 月 9 日，习近平总书记在中国科学院第十七次院士大会、中国工程院第十二次院士大会上的讲话中指出，"'机器人革命'有望成为'第三次工业革命'的一个切入点和重要增长点，将影响全球制造业格局……我国将成为机器人的最大市场，但我们的技术和制造能力能不能应对这场竞争？我们不仅要把我国机器人水平提高上去，而且要尽可能多地占领市场。"当前，一场机器人革命浪潮正在全球兴起。对于中国人而言，机器人时代已不再遥远，有关机器人的新闻或故事不时发生在我们身边，了解机器人革命与机器人时代，就成为每个人的必需。

迎接机器人时代的到来

2016 年，阿尔法围棋（AlphaGo）与韩国职业围棋选手李世石之间的"人机大战"引发强烈关注。以至于第一天李世石的暂时败北，居然被冠以诸如"人类输了"之类耸人听闻的大帽子。其实，类似有名的"人机大战"已经上演过好几回了，比如，"深蓝"、"沃森"就比较有名，而且他们都在游戏中"打败"了人类。

从"深蓝"、"沃森"完胜人类谈起

机器人并不是近年来才横空出世的新鲜事物，其实早在 20 世纪前叶，机器人就已经出现。机器人（Robot）这个词最早是捷克作家雷尔·恰佩克于 20 世纪初在科幻小说中创造出来的。之后，美国纽约世博会上展出了西屋电气公司制造的机器人

Elektro，它由电缆控制，可以行走，会说 77 个字，甚至可以抽烟。此后，各式各样不同功能的机器人被制造出来并逐渐用于人类的生产、生活之中。到 1978 年，以美国 Unimation 公司推出通用工业机器人 PUMA 为标志，工业机器人技术已趋于成熟。

在机器人的发展史上，有两个具有标志性的事件（有趣的是，它们都是红极一时的娱乐活动）是我们谈论机器人时绕不过去的，一个是 1997 年"深蓝"机器人与苏联国际象棋世界冠军卡斯帕罗夫之间的"人机大战"，最终"深蓝"取胜；另一个是 2011 年"沃森"机器人在智力竞猜节目中击败人类。"深蓝"和"沃森"都是美国 IBM 公司制造出来的，他们一前一后，是机器人发展水平不断提高的重要标志性事件。

"深蓝"是一台超级国际象棋电脑，重 1 270 千克，有 32 个大脑（微处理器），每秒钟可以计算 2 亿步。"深蓝"是不折不扣的超级计算机，但在当时并不是最厉害的，比如，"深蓝"仅在 1997 年 6 月的世界超级计算机中排名第 259 位。即便如此，"深蓝"在被输入了一百多年来全世界优秀棋手的两百多万局对局数据之后，就变得异常强大了。1997 年 5 月 11 日，国际象棋世界冠军卡斯帕罗夫在与"深蓝"经过六局规则比赛的对抗后，最终拱手称臣。这位号称人类最聪明的人，在前五局 2.5 对 2.5 打平的情况下，在第六盘决胜局中，仅仅走了 19 步，就败给了"深蓝"。

事后 IBM 的工程师坎贝尔向记者爆料说，"深蓝"其实在最后一局出现了程序错误，走了毫无意义的一招，但在卡斯帕罗夫看来，这步前无古人的怪招背后可能隐藏着深不可测的算计，他顿时阵脚大乱。因此有人说，"深蓝"是歪打正着赢了世界棋王。然而，即便如此，"深蓝"能在前五局中打平世界棋王，已经非常了不起，至少显示出其像人类一样具有强大的计算能力。而这一点，正是机器运用人工智能的结果。接下来的"沃森"，再次显示出人工智能与机器相结合的巨大威力。

"沃森"（Watson）是为了纪念 IBM 创始人 Thomas J. Watson 而取的，由 IBM 公司和美国德克萨斯大学历时四年联合打造而成。"沃森"由 90 台 IBM 服务器、360 个计算机芯片驱动组成，是一个体型有 10 台普通冰箱那么大的计算机系统。它拥有 15TB 内存、2 880 个处理器、每秒可进行 80 万亿次运算。有了强大的硬件支持，"沃森"存储了海量的数据，而且拥有一套逻辑推理程序，可以推理出它认为最正确的答案。

IBM 开发"沃森"旨在完成一项艰巨挑战：建造一个能与人类回答问题能力匹敌的计算系统。这要求其具有足够的反应速度和精确度，并且能使用人类的自然语言回答问题。2011 年 2 月 15 日，"沃森"带着这样的使命参加了美国最受欢迎的智力竞猜电视节目《危险边缘》，与该节目历史上两位最成功的选手肯-詹宁斯和布拉德-鲁特展开对决。17 日，人机大战最终成绩出炉：电脑沃森狂胜人类，成为《危险边缘》节目新的王者。

人工智能时代的开启

"深蓝"也好，"沃森"也好，都是人工智能超级电脑、智能机器人的典型代表，只是"沃森"在人工智能的运用上比"深蓝"走得更远。

人工智能（Artificial Intelligence），英文缩写为 AI。它是研究、开发用于模拟、延伸和扩展人的智能的理论、方法、技术及应用系统的一门技术科学。人工智能的概念是 20 世纪 50 年代由几位美国科学家提出的，旨在探讨如何让机器模拟人脑，从而让机器具有像人一样的智能。在 20 世纪 60 年代人工智能的技术研发停滞不前数年后，科学家们发现，如果以模拟人脑来定义人工智能，那将走入一条死胡同。"通过机器的学习、大规模数据库、复杂的传感器和巧妙的算法，来完成分散的任务"成为人工智能新的发展方向，人工智能技术也得到迅猛发展。目前，人工智能的应用已经非常广泛，科学家们设想，未来人工智能带来的科技产品，都将会是人类智慧的"容器"。

经过数十年的技术积累和突破，智能机器人已获得空前发展。智能机器人已经在如下四个方面朝人类的"智慧"迈进：一是语义理解，即机器人能理解人类语言，从而与用户建立起直接的关系，进而能通过人机交互来理解用户指令和需求；二是环境建模，即机器人能够观察、识别外在环境并对环境进行分析判断；三是自动规划，即机器人根据对外界环境的分析判断，通过自主规划来确定行动步骤；四是学习能力，即机器人通过多种学习手段获取新知识和新技能，从而不断提高其性能。

正如宇宙学上存在着一个让所有物理定律都失效的"奇点"一样，科学家们预测，信息技术也正朝着"超人类智能"的奇点迈进。比如，当代著名科学家雷蒙德·库兹韦尔就认为，这个信息奇点即将到来——他甚至非常具体地预测这个"奇点"将发生在2045年。那时，人工智能将超越人脑，人类的意义彻底改变，人将"不人"，与机器融合为"超级人类"，并借助科技的发展而获得"永生"。比尔·盖茨也曾预言，机器人即将重复个人电脑崛起的道路，这场革命必将与个人电脑一样，彻底改变人类的生产、生活方式。

尽管这有点像科幻小说中的故事主旨或场景，但伴随着大数据、云计算、移动互联网等新一代信息技术同机器人技术相互融合步伐的加快，3D打印、人工智能技术的迅猛发展，制造机器人软硬件技术的日趋成熟，智能机器人时代已经开启。

警惕机器人时代的"潘多拉魔盒"

当机器人技术狂飙突进，世界各国都热情拥抱机器人的时候，另一种声音犹如清醒剂，让热情歌颂机器人的人们逐渐冷静下来。机器人会不会失去控制？机器人会不会伤害人类？机器人会不会抢人类的饭碗？机器人犯法了怎么办？诸如此类的问题不断被"多虑"的人们提出。必须承认，对这些"多虑"的问题的解答，其重要性可能并不亚于机器人技术本身的发展进步。如果不从伦理、法律等角度对机器人技术进行反思与调控的话，许多科幻电影中机器人与人类发生激烈冲突的场景极可能会变成灾难的现实。因此，要让机器人成为人类的福音而不是成为打开了的潘多拉魔盒，我们就必须未雨绸缪，全方位探讨人类与机器人的相处之道。

当前，机器人对人类最现实的威胁就是它可能"抢夺"很多人的饭碗。2013 年剑桥大学发起了名为"未来的雇佣关系，就业将如何受电子化影响"的调查研究项目。调查研究结果显示，德国现有的 3 000 万个工作岗位中至少有 1 800 万个都可能被机器人所取代。不同工作岗位的失业风险程度取决于专业化分工、职位等级和工作性质。比如，最基层的操作工种有 86% 的工作岗位可以被机器替代。根据这项研究，机器人已威胁到德国 59% 的工作岗位，这引起德国就业者的高度关注。德国的情况是如此，那些雄心勃勃要实现"机器换人"的国家，同样面临着类似的问题，以至于很多人对此忧心忡忡。

不过，对于机器人抢人类饭碗这个问题，也有乐观派。不少人就认为，就像马车制造商最终会让位于汽车工厂一样，技术在毁掉一些工作的同时，也会创造出许多新的工作，只是我们现在还不知道具体情况罢了。"机器换人"和200年前已经发生的故事一样，今天我们许多人的工作在那时并不存在。还有人认为，有一些人类才有的技能，机器可能永远无法复制，比如直觉、适应性和创造性等。因此，即便未来的工作具有更高的自动化程度，仍然需要人类的参与。趋势就是，岗位的专业化程度越高，被机器人取代的风险就越小；而岗位的专业化程度越低，被机器人取代的风险也就越大。

另一个引起高度关注的深层次问题是机器人所引发的诸多伦理问题和法律困境。自机器人被发明以来，对它的伦理考量就已经开始。早在20世纪50年代初，美国著名科幻作家艾萨克·阿西莫夫就提出了所谓的"机器人伦理三定律"：第一，机器人不得伤害人类，或看到人类受到伤害而袖手旁观；第二，机器人必须服从人类的命令，除非这些命令与第一条相矛盾；第三，在不违背第一、二条定律的前提下，机器人必须保护自己不受伤害。

伴随着机器人技术和产业的蓬勃发展，关于机器人伦理的研究也方兴未艾，并引起诸多政策层面的广泛关注。比如，美国国家科学基金会、欧洲机器人研究网络（EURON）、韩国工商能源部等都致力于机器人伦理的研究与规则制定，并以此指导机器人产业的发展。

与伦理挑战相伴而生的问题还有法律的不健全。当前，围绕机器人制造和使用的法制建设显然远远跟不上机器人技术发展的步伐。其实，对机器人立法归根结底是对人类的立法，规范人类对机器人的制造和使用。

在此只举一个最骇人听闻的例子。据披露，美国、英国、以色列、韩国和日本都在积极研发各种类型的智能或半智能"杀人机器人"。所谓"杀人机器人"，就是一种可不受人类操纵而对目标发动攻击的全自动武器系统。据报道，韩国已经使用了一批哨兵机器人日夜盯梢在"三八线"附近，并向可疑目标发射非致命的橡皮子弹进行警告。美国海军战舰上则使用了"密集阵"武器系统，可以自主搜索并摧毁对方发射的炮弹。也就是说，军用机器人已经逐渐具有自主进行生杀予夺的能力了。如果不加以限制，任其发展下去，这些杀人不眨眼的冷血机器人将会给人类社会带来无法估量的伤害。联合国人权机构特别报告员克里斯托夫·海因斯就此向联合国提出报告，希望由联合国出面冻结相关研发。

伴随着智能机器人产品走向社会生活领域，类似无人驾驶汽车、遥控飞行机器人、无人驾驶飞机、助老助残机器人、人机互助机器人等涉及的法律问题层出不穷。

科技应该为人类服务，而不应该成为人类发展的威胁，这已是共识。但只有规范技术开发者和使用者的行为，才能使科技更好地为人类服务。就像当初科学家发明计算机的时候，没能预见到会出现电脑病毒一样，今人同样很难预见机器人将会给我们带来什么麻烦。但可以肯定的是，机器人的应用会越来越普及，机器人与人类的关系会越来越紧密，机器人将很快走进我们每一个人的生活。展望未来，如果没有道德规范和法律的约束，机器人技术就很有可能被别有用心的人利用，机器人产品就很有可能在现实生活中给我们制造意想不到的麻烦，人类也就真的可能会面临所谓的机器人灾难。所以，趁机器人尤其是智能机器人还没有真正广泛普及，规范人类对机器人的制造和使用，谁说不是未雨绸缪的明智之举呢？

机器人时代的中国抉择

在后金融危机时代，伴随着发达国家纷纷强调制造业的回归，"机器人"这一"旧事"被赋予了新的时代内涵和使命，一场机器人革命浪潮正在全球兴起。在中国，伴随着经济结构的调整和劳动力成本的持续上升，机器人革命也引起了各方的高度关注。2013年中国就已经成为全球最大的机器人消费国，并且可以预见，在相当长的一个时期内，这种局面仍将持续。从数据上看，对于中国人而言，机器人时代已经到来，有关机器人的新闻或故事不时发生在我们身边。

那么，在世界第一大机器人消费市场的中国，卖的都是谁家生产的机器人呢？换句话说，中国企业的表现如何呢？统计数据让人非常失望。以 2013 年为例，在中国销售的 3.7 万台机器人中，外资企业在华销售的总量超过 2.7 万台。根据 2015 年 4 月召开的第二届中国机器人峰会暨 609 机器人节启动会上发布的消息，国产机器人占国内机器人市场份额仅约 13%。也就是说，在中国市场上销售的机器人绝大部分都是外资企业生产提供的。

更进一步的调查显示，我国自主品牌工业机器人以三轴、四轴的坐标机器人和平面多关节机器人为主，应用以搬运和上下料机器人为主，处于行业的低端领域；自主品牌的六轴多关节型机器人占全国工业机器人销量的比重不足 6%。外资机器人普遍以六轴或以上高端工业机器人为主，几乎垄断了中国的汽车制造、焊接等高端行业领域。有报道说，发那科、爱普森、安川电机、川崎重工、那智不二越、欧地希机电等六大日本机器人公司占据中国高端工业机器人采购量的近乎一半，而中国本土主要机器人设备制造商加在一起占中国市场份额还不到 10%。差距之大，令人震惊。

2014 年 6 月 9 日，习近平总书记在中国科学院第十七次院士大会、中国工程院第十二次院士大会上的讲话中指出，"'机器人革命'有望成为'第三次工业革命'的一个切入点和重要增长点，将影响全球制造业格局……我国将成为机器人的最大市场，但我们的技术和制造能力能不能应对这场竞争？我们不仅要把我国机器人水平提高上去，而且要尽可能多地占领市场"。

写到这里，事情已经很清楚了，阿尔法围棋对阵李世石，与20 年前的"深蓝"、五年前的"沃森"游戏一样，无非就是一项商业性质的娱乐活动——当然不否定这项商业性娱乐活动背后的科学价值。对于中国人而言，这项娱乐活动更大的价值在于，与其热衷于讨论阿尔法围棋带给人类怎样的悲观未来，不如深入探讨中国机器人产业振兴的出路在哪里。

近年来，无人机不仅在军事领域尽显神威，在民用消费领域也大放异彩，以至于世界各主要大国，纷纷加紧研制工业级和私人消费级无人机，以便在无人机这一"蓝海"产业领域赢得先机。中国后来居上，在无人机领域已崭露头角，面对世界无人机之战，中国该怎么打呢？

无人机之战，中国怎么打？

要说近年来的"黑科技"热点话题，无人机技术无疑是其中的亮点之一。无人机曾是军事领域的"独家"科技产品，现在它正日渐揭开神秘面纱，进入民用领域，并显示出巨大潜力。那么，到底什么是无人机？无人机能做什么？中国的无人机水平怎么样？

什么是无人机？

无人驾驶飞机，简称无人机，英文缩写为"UAV"，它是利用无线电遥控设备和自备程序控制装置操纵的不载人飞机，也被誉为"空中机器人"。无人机主要由飞机平台系统、信息采集系统和地面控制系统三部分组成。从小到大的尺寸，由轻到重的起飞重量，从侦察监视再到攻击的应用等，无人机形式不一。与载人飞机相比，其具有体积小、造价低、使用方便、对作战环境要求低、战场生存能力较强等优点。

在中国航天空气动力技术研究院无人机总设计师石文看来，无人机的特点主要体现在使用和设计两个方面。在使用上，无人机可承担危险环境下的飞行任务，以及人长时间难以胜任的单调枯燥的工作，如长时间对地侦察攻击压制或对空对地监视。而在设计理念上，由于可以不考虑因人导致的许多限制，所以无人机的研制成本较低，并放宽了设计限制条件，从而推动了许多新概念和新技术的进步。特别是在空气动力方面，如超过 30 小时的长航时无人机、邻近空间太阳能无人机、无人天地往返飞行器等，可以说无人机既是空气动力学探索创新的平台，也是新概念、新技术应用的理想载体。

无人机按应用领域，可分为军用与民用。军用方面，无人机有侦察机、靶机、攻击机等多种类型，因无人机脱胎于军用领域，因而军用无人机技术仍是目前无人机的代表。民用方面，无人机近年来发展迅猛，"无人机＋行业应用"的发展模式正让整个民用无人机行业蓬勃发展。目前，无人机在航拍、农业、植保、微型自拍、快递运输、灾难救援、观察野生动物、监控传染病、测绘、新闻报道、电力巡检、救灾、影视拍摄等等领域的应用，大大地拓展了它的应用范围，无人机产业也因此被誉为朝阳产业。

未来战场是无人机的天下？

一般来说，航空史家把无人机的历史源头追溯到第一次世界大战期间，英国人率先研制成世界上第一架具有军事实用价值的无人机，至于在此之前许多发明家也有过制造无人机的奇思妙想甚至是实践，也只能算得上是无人机的前史了。

由于无人机非常符合战争"零伤亡"原则，逐渐成为战场上的"主角"之一。不过，尽管无人机在第一次世界大战中已经研发成功，但此后20多年，基本上都用作靶机，也就是供部队训练、演习打靶使用，比如为了训练炮手的对空射击命中率，造价相对低廉的无人机就是最好的打靶对象。无人机真正用于战争，是从第二次世界大战爆发后开始的，而无人机在世界战争史的舞台大放光彩，则要从20世纪60年代讲起。

20世纪60年代初，在国际冷战局势下，美越战争爆发，北越在苏联的直接帮助下，建立起了严密的防空火力网，给美国的战机造成严重损失，大量飞行员死亡或被俘，甚至美国共和党总统候选人麦凯恩也在越战中被俘。越战中的伤亡让美国国内反战浪潮高涨。为应对国内民众的反战情绪，美军开始在战场上广泛使用无人机。因为无人机即使被击落了，也不会造成人员伤亡。

据有关资料，从1964年到1975年，美军出动3 435架次无人机，其中2 873架次安全返回，完成了80%的空中侦察任务，这让世人第一次看到无人机这种新兵器特殊的实战功能。冷战结束后的海湾战争中，无人机被用作观察与侦察平台。多国部队的战术无人侦察机完成了 530 多次出动，总飞行时间约 1 700 小时，而只损失了 28 架，其中 12 架是被击落的。

在 21 世纪的阿富汗战争、伊拉克战争中，无人机除了侦察外，有的情况下更能直接发起攻击。在利比亚战争中，更有多种新型无人机投入战场。据统计，到 2006 年，北约联合武装部队中无人机数量达到约 6 万架，其中 60% 是小型无人机。

此外，在国际恐怖主义形势严峻的情况下，无人机已成为反恐利剑。比如自发动反恐战争以来，美国动用了所有资源，在财政紧缩、军费开支逐渐下降的大背景下，无人机的地位却不断提高，成了反恐的新模式。无人机在反恐战争中主要有两种作用：一是搜集情报；二是实施"定点清除"。美军无人机反恐辉煌战绩如下：2011 年 9 月，美军无人机在也门将"基地"组织阿拉伯半岛分支领导人安瓦尔·奥拉基炸死；2012 年 6 月，美无人机在巴基斯坦将"基地"组织二号人物阿布·利比炸死；2013 年 5 月，美无人机炸死了巴基斯坦塔利班二号领导人拉赫曼。可以说，无人机已经成为美军的反恐利剑。

最近几年，无论是在全球的战场上，还是在各国的航展上，到处都能见到无人机的身影。可以说，无人机是未来军事竞争的一个焦点，世界主要国家竞相把高新技术应用到无人机的研制与发展上：新翼型和轻型材料大大增加了无人机的续航时间；采用先进的信号处理与通信技术提高了无人机的图像传递速度和数字化传输速度；先进的自动驾驶仪使无人机不再需要陆基电视屏幕领航，而是按程序飞往盘旋点、改变高度，然后飞往下一个目标。新一代的无人机能从多种平台上发射和回收，例如从地面车辆、舰船、航空器、亚轨道飞行器和卫星进行发射和回收。地面操纵员可以通过计算机检验它的程序，并根据需要改变无人机的航向。

美国的军用无人机走在世界前列。据有关媒体报道，2017年1月10日，美国国防部突然公布了一段官方视频，展示了2016年10月进行的一次无人机集群智能测试。这段视频上，三架大黄蜂战斗机用特种吊舱一次释放了103架微型无人机。从地面操纵人员的显示屏上清楚看到那些无人机（绿色点）根据目标/指令（红色点）自主编队并实施追踪的画面。它们时而根据目标编队，时而根据指令快速移动，也可以根据环形指令排成一个圈，把一个区域围得水泄不通。按照国防部的消息，这些"命令"是下达给"蜂群"的，而不是其中任何一个个体。"蜂群"之间彼此会不停地"交谈"，在没有个体指挥官情况下形成"蜂群智能"。在组成集群过程中，如果个别无人机发生故障或损失，剩余无人机会根据参与组网的无人机实际数量做出反应，自主调整编队形式，继续完成既定任务目标，这是无人机智能集群技术最为诱人的特征之一，即具备系统性的高生存力。这些无人机并不是经预设程序协调行动的个体，而是像自然界中类似鸟群的动物群体那样，共享决策，相互协调行动。

美国军用无人机蜂群化，是无人机与人工智能技术的深度结合，一方面预示着无人机技术发展的新动向，另一方面也预示美国正进入机器人战争的新时代——无人机蜂群化、智能化有可能改变未来战场形态，引发战争形态变革，未来战场有可能首先是无人机之战。

我国无人机的发展现状

随着技术的不断进步，无人机不仅在军用领域大显身手，在民用领域的应用也日益广泛，无人机大规模走进生活已经不再是科幻大片中的场景。无人机产业被很多权威专家认为是千亿元市场，未来前景值得期待。作为一个发展中大国，为保卫国家安全、发展经济提高人民生活，中国自然也大力发展无人机技术和产业。

在军用无人机方面，虽然中国起步较晚，但发展速度和水平都突飞猛进。据相关媒体报道，近年来中国在无人机武器领域大放异彩，已经形成多个系列，比如"彩虹"系列军用无人机已经在国际市场很有竞争力，据美国媒体报道，彩虹-5无人机的航程达到 4 400 英里，续航力超过 60 小时，未来升级后将可以在 120 小时内飞行 1.2 万英里。彩虹-5 还拥有 2 000 磅的有效载荷，并可以容纳进行电子战的各种系统。最新研制成功并投入使用的"翼龙"Ⅱ无人机也颇为抢眼。2017 年 2 月 27 日，中国航空工业自主研制的新型长航时侦察打击一体型多用途无人机系统——"翼龙"Ⅱ成功首飞。"翼龙"Ⅱ首飞成功标志着我国已进入全球大型察打型无人机一流水平，也标志着中国具备向海外市场交付新一代察打一体无人机航空外贸产品的能力，在全球航空装备外贸中的竞争力升级。

"翼龙"Ⅱ无人机系统由"翼龙"Ⅱ无人机、地面站、任务载荷和地面保障系统组成。其中，无人机长 11 米、高 4.1 米、翼展 20.5 米。飞机的最大飞行高度为 9 000 米，最大飞行速度达每小时 370 公里。得益于飞机平台性能、动力提升和挂载能力的优化，其最大起飞重量达到 4.2 吨，外挂能力为 480 千克，可实现 20 小时持续任务续航。

根据中国航天空气动力技术研究院无人机专家石文的观点，我国无人机从无到有，发展经历了三个阶段。

第一阶段的需求为军用所垄断，主要用于高性能飞机和导弹的武器装备鉴定、定型过程，作为靶标完成打靶试验。由于技术因素，决定了民用市场无法接触无人机，再加上该阶段的惯性组件、控制系统等基础技术尚不成熟，且成本高，因此只有在军用领域才能接触和应用，当时从事无人机研制与生产的厂家也只有国有军工企业。

第二阶段，也就是从 20 世纪 90 年代起到 21 世纪初，由于电子集成电路、飞行器设计、发动机等基础技术的发展，部分民营企业对无人机行业进行了先期探索，出现了第一批吃螃蟹的民企。主要为院校、研究所提供低端小型的无人机产品的设计及演示验证，期间也出现了包括农业部用于农作物估产等国家单位对低端无人机的探索性应用，后来都因技术的不成熟而流产。

从 21 世纪初至今的第三阶段，需求上已逐步放开到民用领域，引起巨大反响，作为先行者的航拍、测绘和气象领域，无人机的进入，不仅大幅提高了他们的作业效率，还降低了成本。随着无人机在这些领域的示范效应渐渐扩大，其应用已逐步在其他行业扩散开来。谷歌试图使用无人机搭建一个庞大的"快递帝国"，以取代目前的人工送快递方式，他们认为这会改变世界。这种尝试在中国亦有出现，顺丰等公司就进行了相关的试验，虽然赚了不少眼球，但离大规模使用仍有一定距离。

无人机综合集成航空技术、信息技术、控制技术、测控技术、传感技术以及新材料、新能源等多学科技术，代表着未来航空业的发展方向。2015 年被誉为中国民用无人机发展的标志性年份，大量民企进入无人机领域，行业内外一片蓝海的呼声。随着无人机技术的不断突破，在航空装备无人化、小型化和智能化的趋势下，国内无人机市场将快速增长。

虽说民用无人机在很多行业已蓬勃发展，取得成效。但是也应看到，其民用存在大量的炒作与泡沫，有效的行业规范、产品规范有待进一步形成和完善。看似发展得风风火火的中国民用无人机就拥有的核心技术而言，也存在着同质化泛滥，产品难以产生代差的隐忧。

能产生代差的，还是在那些核心基础技术的领域。比如，在能源方面如果以锂硫电池等为代表的高寿命电池可以突破放电倍率问题，那就是换代和跃进了。由于电动无人机电池能量密度的限制，导致用锂电池供电的无人机在延长续航时间上几乎无解。因此，有不少致力于在行业应用上深耕的无人机企业，另外开拓别的动力，或使用油动，或使用混合动力。

长航时、大载重是无人机永恒的追求。目前工业级无人机品类繁多，有油动，也有电动；有多旋翼，也有直升机。工业级无人机由于需要搭载相应的设备完成不同的任务，在续航时间和载重上都希望尽可能实现长航时和大载重。因此，一阵喧嚣之后，人们已经冷静地认识到，工业级无人机不能只有花架子，不能只看颜值，能干实事才是硬道理。

除了上述在长航时、大载重上的关键技术障碍外，无人机在使用中也遇到许多具体技术问题。当前，在使用中暴露出的主要问题是通信能力和抗干扰能力，指挥与控制问题，无人机超低空控制及避障问题，以及无人机抗恶劣气象条件问题，如无人机在风雨、冰雪、烟雾、强沙尘等恶劣复杂气象条件下的起降和飞行能力等等。

行业发展应用也对无人机的功能提出更高要求。无人机不能仅仅搭载单一的任务载荷，很多行业都需要集多种无人机机型、能搭载不同任务、处理不同信息于一体的无人机系统。这就涉及工业无人机的设备接口的统一问题。目前，不同的设备需要不同的接口和任务集成管理器，各无人机厂家还是各自为政，没有统一的标准落地。如果无人机搭载接口可以通用，同时，在转化任务管理器时能像转换显微镜镜头那么方便的话（据说现在已经生产出快速转换应用模块的无人机了），不仅能大大提高工业级无人机的利用率，也能拓宽无人机在各领域的应用范围。

此外，行业应用无人机也面临着国内监管体系不完善，包括行业标准滞后、适航认证管理、从业人员管理、相关法律缺位等问题。这些都成为工业级无人机快速发展的拦路虎。

拒绝无人机"黑飞"

据相关资料，截至2016年底，我国无人机数量超过120万架，但多数却处于"黑飞"状态。"黑飞"之下，干扰民航客机等公共安全事件也在增多，仅 2017 年前两个月，全国各地被曝光的"黑飞"案例就有近十起。

有民航专业人士指出，虽然我国有《民用航空法》《通用航空飞行管制条例》《关于民用无人机管理有关问题的暂行规定》等多部法规，解决了无人机分类管理、空域管理、适航管理、驾驶员资质管理等问题，但由于法规条文原则性指导多，在适航认证、可用空域、空管规则、责任和监管主体等方面仍需进一步细化，以确保无人机的研制、生产、销售、使用和监管完全运行在法治轨道上。

中国无人机协会执行秘书长柯玉宝曾经做了一个生动的比喻，无人机法规就像是"紧箍咒"，没有它，孙悟空就是大闹天宫的泼猴；有了法规，才会变成一心向善的斗战胜佛。这是一个过程，但必须实现，否则野蛮生长的无人机产业必将在根子上出现松动，让技术升级、产业发展失去基础。

首先，在我国低空空域逐渐开放的背景下，该禁的要严禁、该放开的也不妨放开，对无人机准飞空域进行清单化管理，在民航航线、机场和军事要地等禁飞区域，可通过商家禁飞区 GPS 定位识别和自动禁飞等，将其锁死，并尽早实现附近空域载人飞机信息提示，与此同时，也在安全区域给予无人机飞行更多空间。

其次，对无人机"黑飞"依法严厉追责。目前我国无人机方面的法律法规还比较滞后，缺乏强制约束力。无人机飞行信息如何实时接入管理系统，厂家该尽到什么管控责任，都需要更高层级的法规明确。此外，法律专家指出，根据《民用无人机空中交通管理办法》《民用无人机驾驶员管理暂行规定》等行政规定，"黑飞"适用的行政处罚额度最多只有十万元，震慑力比较有限。2017年初公安部推出的《治安管理处罚法（修订公开征求意见稿)》，倒是将"黑飞"行为提到了由公安机关处理的治安案件高度，这有望改变对"黑飞"处理较轻的现状。中国民航局也于2017年5月16日宣布，目前已经初步完成了民用无人机登记注册系统的开发，并于5月18日上线运行，6月1日正式对质量250克以上的无人机实施登记注册，8月31日以后，未在系统中登记的无人机飞行将被视为违法行为。

我们有理由相信，在国家政策的支持下，中国无人机一定能在激烈的国际竞争中脱颖而出，为保卫国家安全，为促进经济发展，为改善人民生活水平做出贡献。让我们一起迎接无人机时代的到来！

科学评价

科·技·重·塑·中·国

习近平在 2016 年 5 月 30 日的全国科技创新大会、两院院士大会、中国科协第九次全国代表大会上发表重要讲话指出，"要改革科技评价制度，建立以科技创新质量、贡献、绩效为导向的分类评价体系，正确评价科技创新成果的科学价值、技术价值、经济价值、社会价值、文化价值。"这一论断，为打破科技领域某些僵化的评价制度，指明了方向。

正确评价科技创新成果的五大价值

长期以来，由于我国科技发展水平总体上落后于西方发达国家，因此在科技成果评价上，中国科技界在改革开放过程中逐渐实行了"拿来主义"，也就是吸收借鉴西方发达国家的某些科技成果评价标准，这对促进我国科学技术的发展起到了积极作用，但问题也比较突出。最突出的问题之一，就是科研成果评价的唯高端杂志论文导向，随后又发展到唯高被引论文论英雄。

"高端论文崇拜"是一种灾难

必须承认，以在国际高端学术杂志发表科研论文、以发表的科研论文在一定期限内是否具有较高的被引次数来衡量某些学科、某些领域的科研工作成果，是可行的，比如在基础科学领域、在国际前沿科学领域，高端学术杂志论文和高被引论文的确是说明一个科研人员的实力和价值的最好方式之一，这是毋庸置疑的。笔者首先在此明确指出这一点。

但是，如果把发表高端学术杂志论文和高被引论文的要求指标化、制度化甚至体制化，那么，在笔者看来则是一种灾难。不幸的是，这种指标化、制度化甚至体制化了的高端论文崇拜在一定程度上已经深深渗透进中国的科研管理部门、科研院所和高等学校的评价体系之中。没有高端论文，职称将与你绝缘，科研项目将与你绝缘，人才称号将与你绝缘。总之，没有高端论文，你将慢慢被边缘化。这是目前很多学术机构的现状。在此只举一例。比如在医疗卫生领域，即便你是一位优秀的外科医生、患者眼中妙手回春的神医，如果你没有高端论文，你也很难评上主任医师，你也不得不屈服于评价制度，想尽各种办法去发表所谓高端论文。这并不是笔者杜撰的，而是沪上某知名三甲医院的一位医生朋友向我倾诉的苦水。一个佐证就是，这几年，屡有国际高端医学杂志，成批撤销已发表的中国医生的论文，这从一个侧面反映了冷峻的现实。

要把论文写在祖国大地上

为什么科研评价不能狭隘化，尤其不能仅以所谓的高端论文这一指标论英雄呢？

第一是学科的差异性与知识价值的判断问题。上文说到，基础科学领域、国际前沿科学领域当然可以看高端论文（其实也未必完全有必要）；但是，更多的学科领域，既有前沿的原理性研究，也有比较多的是问题研究，是本领域科学问题的拓展和深化，主要是着眼于科学知识的应用，不一定非要发表所谓高端杂志论文。尤其是，学术杂志仅仅是知识的载体，而不是知识本身，判断一项科研成果的科学价值，不能仅以其发表杂志的档次论英雄，而应该具体地辨别科研成果本身，恰如我们不能简单认为名牌大学的学生一定比普通大学的学生优秀一样，普通大学（非高端杂志）也有大批非常优秀的学生（科研成果）。单纯以发表杂志的档次来评判学术成果，是"出身论"的现代变种而已。

第二，涉及为什么要发展科学技术的问题。我们发展科学技术，最终目的是为了国家发展和人民福祉，而不是为了发表论文，发表论文仅仅是手段。可是，我们现在把目的和手段给搞颠倒了，评价手段本身成了目的，这是很可怕的。其实，对于中国而言，一方面我们需要站在世界科学前沿，为人类的知识创新做出中国贡献，另一方面，中国的科学研究更应该着眼于解决中国的急需。比如，芯片技术早就不是前沿科技了，可是中国高端芯片却大量依赖进口，"缺芯"给我们的国家安全造成巨大潜在威胁。还比如，航空发动机技术，50年前欧美发达国家都已经掌握了，可是直到今天，我们的大飞机研制还是受制于此。再比如，航空母舰舰载机弹射技术，50年前也不是什么前沿技术了，可是中国独立研制的航母至今还没有起航。类似的例子还有很多。有关这些高技术的论文会不会、有没有必要发表在高端杂志上呢？笔者的回答是否定的。在这些高技术领域，重要的不是发表论文，重要的是做出真家伙！正如习近平总书记强调的，"穷理以致其知，反躬以践其实"。科学研究既要追求知识和真理，也要服务于经济社会发展和广大人民群众。广大科技工作者要把论文写在祖国的大地上，把科技成果应用在实现现代化的伟大事业中。

科普与科创同等重要

第三，中国崛起与供给侧结构性改革，需要科技研发注重经济价值。中国在崛起，这是不争的事实。但中国制造整体上处于全球产业链的中低端也是不争的事实。中国制造要升级换代，最根本的就是要提高科技含量。在这方面，我们需要的是能够解决中国问题的科技研发。如果中国的企业连马桶盖都造不好，再宏大的科技战略都会因此而蒙羞。因此，在中国走向崛起的特殊历史阶段，我们不仅需要面向世界科技前沿，勇立人类科技进步的潮头；还需要面向国家重大需求，攻克涉及国家安全与未来发展的高技术；也需要面向经济主战场，做大做强中国制造的精工艺。大科学、高技术、精工艺同样重要，而后者的显示度明显偏低，尤其需要引起重视。

第四，科学技术不仅是硬实力，也是软实力，具有社会价值和文化价值。科技创新提倡新奇，鼓励冒险，欣赏超越，宽容失败，是人类社会发展的不竭动力。如何让科学精神、创新精神蔚然成风，需要包括科研工作者在内的全社会的共同努力。在这方面，科学普及工作格外重要。习近平总书记指出："科技创新、科学普及是实现创新发展的两翼，要把科学普及放在与科技创新同等重要的位置。"在发达国家，科研一线的科学家从事科普工作被认为是分内之事。可是，在我国，一线科研工作者从事科普工作却被认为是不务正业；一线科研工作者也普遍看不起搞科普的，认为科普是小儿科，只有水平不高的人才会去搞科普，高水平的研究者是不会搞科普的。这种错误的科普观念直接导致科研工作者远离科普一线，我国科普工作整体水平明显偏低。在此背景下，集"科学家"与"科普家"于一身的人，是社会特别急需的人才。因此，提升科研工作者参与科普的积极性，增强科普的实效性，注重发挥科技创新成果的社会价值，深入挖掘并弘扬科技创新活动的文化价值，就显得尤为紧迫。这对于增强民族自信、消除社会疑虑、提高科学素养、激发创新活力等具有十分重要的意义。就此而言，科研工作者在这些方面所做的工作和贡献，也应该得到足够的认可和评价。

　　当前，建设科技强国的号角已经吹响，科技评价体系不改革不行，改革慢了也不行。要坚持科技创新和制度创新双轮驱动，正确评价科技创新成果的科学价值、技术价值、经济价值、社会价值、文化价值"五大价值"，加快形成有利于科技创新成果和优秀科技人才不断涌现的科技评价体系。

改革开放以来，国家高度重视科技战略规划工作，著名的"863"计划、"973"计划为我国追赶世界科技前沿做出了不可磨灭的历史贡献。近年来，伴随着国家科技政策的调整，"863"、"973"开始淡出历史舞台，这也引起了人们的热议。那么，该如何看待"863"、"973"淡出历史舞台呢？

理性看待"863"、"973"
淡出历史舞台

近年来，伴随着国家科技政策的调整，著名的"863"计划（国家高技术研究发展计划）和"973"计划（国家重点基础研究发展计划）被国家重点研发计划所取代，正式淡出历史舞台。这引起了人们的热议，甚至引起了部分人士对"863"计划、"973"计划历史合法性的质疑。在此，笔者愿意就涉及"863"计划、"973"计划的相关问题简要谈些拙见，求教于方家。

"863"、"973"为中国科技发展做出了历史性贡献

2016年是"863"计划实施30周年，"973"计划提出20周年。30多年来，中国改革开放伟大事业蓬勃发展，中国在经济、

社会、科技、军事等领域取得的成就有目共睹，中华民族正处于伟大复兴的前夜。如果大家认同笔者上述这段描述并不为过的话，那么，我们就没有理由否定中国科技事业的长足发展。如果我们认同中国科技事业毫无疑问取得长足发展的话，那么，我们就必须给予"863"、"973"以足够的评价和重视——因为它们是 30 年来中国最重要的科技发展战略规划之一。我们很难想象，一个国家最重要的科技发展战略规划是不成功的，这个国家的科技事业还能够取得令人瞩目的巨大成就。

谈"863"计划、"973"计划，就必须谈他们的来龙去脉，尤其是时代背景。因为时代背景与"863"计划、"973"计划的历史使命和生命力密切相关。以时间较长的"863"计划为例，大家知道，20 世纪 80 年代初，美国总统里根为在美苏争霸中赢得主导权，抛出了一个所谓的"星球大战"计划，直指以航空航天技术为代表的高技术领域。紧接着，欧洲国家抱团，提出了所谓的"尤里卡"计划。邻国日本也跃跃欲试，出台了十年科技振兴计划。一时间，世界主要国家在高技术领域的竞争日趋激烈。

面对国际上高技术的发展和激烈竞争，中国怎么办？有识之士不再被动等待，他们要行动了。1986 年 3 月，王大珩、王淦昌、杨嘉墀、陈芳允四位著名科学家（四人都于 1999 年被授予"两弹一星"元勋）联名上书邓小平，提出了"关于跟踪世界战略性高技术发展"的重要建议。邓小平同志旋即于 3 月 5 日做出批示:"这个建议十分重要……此事宜速作决断,不可拖延。"于是,一个代号为"863"计划的国家高技术研究发展计划应运而生。

请注意,四位老科学家建言的内容主要定位于"跟踪"发达国家高技术的发展,这一点与该计划的历史使命及其终结密切相关。为什么要定位于"跟踪"呢?这主要是基于对改革开放之初我国整体科技实力尤其是高技术力量薄弱的清醒认识。在当时,改革开放还处于起步阶段,囿于"文革"十年的破坏,我国别说发展高技术了,就是基本的科学工作都陷于停滞,20世纪80年代初,国内科技界的主要工作是恢复元气,培养人才,重新组建队伍,开展科研布局。除了在邓小平同志的拍板下上马了北京正负电子对撞机这个大科学工程之外,鲜有其他像样的高科技工程,再加上改革开放之初经济建设和基础设施建设亟须国家支持,科技体制改革也处于酝酿之中,高技术研究正处于徘徊状态。可以说,正是"863"计划的横空出世,改变了中国科技发展的徘徊状态,使中国科技发展一下子找到了明确的方向和目标。也可以这么说,"863"计划的出台,是那个时代中国科技发展进程中的一场及时雨。这场雨虽然来得有些晚,但也浇灌了中国科技界干渴的土壤,让中国科技界迅速恢复元气和肥力。后来,随着时间的推移,为适应国家战略需求和形势发展需要,"863"计划在实施过程中有过几次大的调整,已不局限于"跟踪"的目标和任务,这是后话。

　　特别需要指出的是，"863"计划是在以朱光亚等老一辈爱国科学家的主持下开展的，对保证其质量和方向具有重要意义。至少从笔者所见的史料来看，"863"计划启动之初，调动了几乎全中国最优秀的科学家集体会诊，所选取跟踪、攻克的重大科技领域，就是放在今天来审视，也是完全正确的，这是非常令人敬佩的。

　　中国科技工作者没有辜负国家的期许。"863"计划、"973"计划与改革开放事业共成长，为中国的科技发展做出了历史性贡献。以"863"计划为例，通过实施"863"计划，逐渐形成了适合我国国情的高技术研究开发的发展战略，完成了高技术研究和开发的总体布局，建立起一批高技术研究和高技术产品开发的基地，培养、造就了新一代高技术科技队伍，获得一批具有国际水平的成果，突破了一大批重大关键技术，大大提高了我国高技术研究开发水平，增强了我国科技实力，部分成果向商品化、产业化方向延伸，对国民经济和社会发展产生重大影响。笔者在这里谈一点"软的"，也是容易被人忽视的。仍以"863"计划为例，在笔者看来，"863"计划最大的贡献就是让中国在较短时间内迅速摸清国际高技术的发展现状和发展趋势，并在某些重大科技前沿领域迅速跟上，后来居上，甚至赶超国际先进水平。这对于我们这样一个被"文革"耽误了黄金十年的高科技落后国家而言，意义十分重大，可谓厥功至伟。虽然在今天，它即将终结自己的使命，但历史要永远铭记。

"863"、"973"实施中存在的问题不能成为否定它们的理由

当前，不少人在并没有搞清楚为什么用国家重点研发计划替代"863"计划、"973"计划的情况下，想当然地认为"863"计划、"973"计划是"有罪"的，因而对其或明或暗进行指责。从笔者所见，非难主要集中在花钱多、经费滥用、重复资助、项目夭折等四方面的问题上。让我们心平气和地逐一分析。

其实，上述四方面的问题是发展中国家在实施科技振兴战略中存在的普遍问题。就中国而言，说白了，这些问题是近些年来中国各类科研项目的通病，根子在科技管理体制和运作机制上。因此，我们不能用国家政策体系的固有问题来非难"863"计划、"973"计划本身，这是不公平的。

首先来看花钱多。科技创新是很贵的，这是一个基本的道理。非常奇怪的是，在中国，很多人对政府投资数亿资金盖座高楼习以为常、无动于衷，却对政府投入数千万元开展某项尖端科学技术研究另眼相看，大加指责。人们习惯于花钱见效快，习惯于看到有形的、表面的东西，而对于无形的、根本的、利长远的则冷漠视之，这不能不说是个大大的遗憾。不错，"863"计划、"973"计划确实花了国家不少钱，可是咱们要清楚，开展高科技研究本来就是一桩花钱的事儿呀！还有人说，咱们的投入产出比

不高，对此笔者没有进行过深入的研究和计算，不好随便评论。但是，在中国特定的国情下，我建议批评人士要算一算我们国家在每一个领域的投入产出比，再算一算其他发展中国家甚至某些发达国家科技资金的投入产出比，有了科学、真实的数据比较，对"863"计划、"973"计划是不是花钱多这个问题就会有一个理性的认识。

其次看经费滥用。这一点是最遭人诟病的，笔者同样对此深恶痛绝！不可否认，科技界有些人利用政策的漏洞和不合理之处，骗取、挪用、侵吞科研经费的丑闻时有曝光，"863"计划、"973"计划也不例外，对此不必遮遮掩掩。但是，我们必须认识到，违反科技政策、背离科研道德的毕竟是少数，不能打击一大片，更不能以偏概全否定全体。应当看到，绝大多数科技工作者还是在勤勤恳恳工作，为国家科技事业的发展添砖加瓦，这是主流，不容否定。现在有一种倾向很不好，就是媒体喜欢猎奇科技界的某些问题，无限放大甚至歪曲，以博取眼球。似乎我们的科技工作者都是坏人，都在挖国家的墙脚。如不刹住此种歪风邪气，对于中国科技事业的发展甚至对于整个国家的发展，都是灾难性的。

再看重复资助。这一点要实事求是地分清情况。有些规模大的高技术项目，确实需要大量的资金投入，其衍生出来的新课题也需要新的资助。这样一来，仅有"863"计划、"973"计划的专项资助，有时经费的确不足，尤其是在前些年国家科技资金支持力度普遍不大的情况下，需要其他相关科研资助计划给予支持。必须认识到，这类"重复"资助是合理的。另外一种情况是，一些项目负责人，其实就只有那么一个东西，却利用国家科技管理体系的漏洞，把它改头换面，到处圈钱，谋取私利。我们要科学区分这两种情况。我们要鞭挞的是后者，切不可殃及前者。对于后者，需要政府管理部门和全社会一起努力，完善科研管理体制机制，加大对违规者的惩罚力度，营造良好科研生态。

最后看项目夭折问题。这一点其实也是比较容易说清楚的。但凡有科学研究和探索，就难免有失败，没有哪个国家的科研项目都百分之百成功。更何况，"863"计划、"973"计划所开展的都是前沿科学技术研究，平心而论，以中国的科研基础和力量，有的项目中途夭折、有的项目达不到预期目标，是难以避免的。尤其是，"863"计划、"973"计划并非直接以商业化为目的，那种类似"找不到一个通过承担"863"项目产生核心知识产权并且占领国际市场的成功商业案例"的说法，是似是而非的，以此鞭挞"863"计划，是站不住脚的。

"863"计划、"973"计划淡出历史舞台是时代发展和进步的必然要求

既然"863"计划、"973"计划为中国科技发展做出了历史

性贡献，实施中存在的问题亦非原则性的，那么为什么要把它们整合掉呢？

为什么要用国家重点研发计划取代包括"863"计划、"973"计划在内的诸多科技研发专项？关于这一问题的回答，科技部相关负责人已经给出了详细的解读。概括起来，主要是为了打破九龙治水，"铁路警察、各管一段"，避免政出多门、重复资助，整合科技资源，开展协同创新，打通基础研究、应用研究、技术开发和产业化的通道和全链条。总之，整合是这个时代的潮流，科技政策也不例外，需要随着时代的发展和进步，进行必要的调整和整合。一个政策被整合了，并不意味着这个政策就是错的、就是有问题的，而是它已经完成了自己的历史使命，在新的历史条件下让位于更加合理的政策选择。

"863"计划、"973"计划本来就是特殊历史时期的特殊战略选择，而今时代变了，中国也变了，过去我们的主要任务是跟踪国际科技发展前沿，而现在，我们已不能满足于"跟踪"式的科技发展之路，既要随跑，也要领跑。适时调整科技发展战略，正是为了适应这种变化了的时代和国家需求。

因此，"863"计划、"973"计划淡出历史舞台也是一件平常事，不能因为它们的名气大，就给予过分的解读。比如，"充满计划经济色彩的'863'计划、'973'计划，也愈发显得不合时宜"之类武断的表述，就有过分解读之嫌。

近代以来，现代意义上的西方科学技术被引进到中国来，一开始是被当作"奇技淫巧"，随后一直是被当作改变中国命运的强大工具和重要途径。这样的历史背景下，造成在中国形成了一种非常奇特的科技观：有了"有用的"科学技术和"无用的"科学技术之别，看得见用处的科技就是"有用的"，应用技术就属于这一类；看不见用处的科技就是"无用的"，基础科学大多属于此。百余年来，关于"有用的"应用技术和"无用的"基础科学在中国的发展遭遇，深刻地影响了中国人的思维及其对科学技术的整体看法。今天，在建设世界科技强国的征程中，我们该如何看待这一"老问题"呢？

为什么要花大力气搞
"无用"的基础科学？

2016 年 7 月 3 日，位于贵州黔南州的世界最大单口径射电望远镜——500 米口径球面射电望远镜（FAST，俗称"天眼"）主体工程顺利完工。对于科学家，这一大科学工程的建设无疑是振奋人心的。可是，社会上也有不同的声音，不少人就认为，这不过是烧钱的"政绩工程"，"与民生无益"。

基础科学并非"无用"

在当代中国，每每有大科学工程上马，都会招来一番质疑。当然，质疑就是监督，这是好的一方面。但是，如果我们的"监督人士"并不真正理解高科技发展的当下意义和潜在价值，特别是为了抓人眼球，把大科学工程、高科技发展与民生福祉的改善对立起来，这对于中国的发展和进步，则是有百害而无益的。

在当代中国，人们对搞大科学工程、发展高科技并不是都拒绝的。一般来说，中国人对实用技术有天然的好感，自然对能制造高端产品的高新技术持欢迎态度。很多国人持异议的，是基础科学研究以及与之发展相关的科学工程。在很多人看来，基础科学没有用，至少在相当长的时间内看不出来它能够给我们带来什么好处，事实上很多基础研究的确没有实用价值。既然基础科学没什么实用价值，也就是为了满足某些科学家的好奇心而已，那么，国家就不应该在这上面浪费纳税人的辛苦钱，而应该把钱投入到那些急需发展的应用（高新）技术或是去改善民生福利。这就是实用主义科学观的典型逻辑。

近代以来，现代意义上的西方科学技术被引进到中国来，一开始是被当作"奇技淫巧"，随后一直是被当作改变中国命运的强大工具和重要途径。总之，科学技术处于被"利用"的角色和地位，至于科学技术本身的内在发生、发展规律，则有意无意被忽略了。这样的历史背景和发展逻辑下，造成在中国形成了一种非常奇特的科学技术观：有了"有用的"科学技术和"无用的"科学技术之别，看得见用处的科技就是"有用的"，应用技术就属于这一类；看不见用处的科技就是"无用的"，基础科学大多属于此。

如果说人们对科学技术的重要性已形成共识，那么，采取什么样的方针和路线就成为一个非常重要的问题。现代科学技术是一个巨复杂系统，不仅门类众多，新的科学技术分支不断产生，而且有基础研究和应用研究之分。在上述科学技术观的左右下，在基础研究与应用研究孰轻孰重，抑或二者该如何保持平衡的问题上，在新中国成立后就一直争论不休。具体表现，就是所谓的"任务带学科"与"学科促任务"之争，有时争论还颇为激烈。以至于中国科学院的办院方针就因为这种争论而调整过多次，甚至于中国科学院的存废在 20 世纪 80 年代一度成为一个话题。

在新的历史条件下，老问题逐渐被新难题所取代。改革开放发展到今天，加快发展科学技术，抢占科学技术发展制高点，实现跨越发展，已成国家战略。但在操作层面，怎样发展科学技术，发展什么样的科学技术却是仁者见仁，智者见智。特别是基础研究和应用研究的关系问题，从道理上讲，基础研究和应用研究当然都重要，这是不需要争辩的；但在资源有限并且科学技术门类众多的情况下，到底该采取怎样的具体发展路线，就成为现实中人们争论的热点。从 20 世纪 80 年代到现在，围绕基础研究和应用研究的投入与产出，争辩似乎没有停止过，中央决策层与科学界之间、科学界内部、科学界与实业界之间，都有博弈。

一言以蔽之，百余年来，关于"有用的"应用技术和"无用的"基础科学在中国的发展遭遇，深刻地影响了中国人的思维及其对科学技术的整体看法。这也是为什么今天老是有人质疑基础科学研究价值的根本之所在。

为什么要特别重视"无用"的基础科学？

诺贝尔奖获得者李政道先生是国际著名科学家，同时也对中国科技教育事业的发展贡献卓著。20世纪80年代以来，在与中国政府和科学界的接触过程中，李政道对中国人在基础研究与应用研究上的纠结有着深刻的体会与理解。为此，他不断寻找贴切生动的比喻，向中国领导人和一般公众解释基础研究和应用研究之间的关系。笔者认为，李政道关于基础研究与应用研究的经典阐述，时至今日仍具有非常强烈的现实意义，能够很好地回应那些对"无用"的基础科学的质疑。李政道说：

> 我开始的时候，曾拿人的手足来比喻，想说明他们的不可偏废。之后又拿粮食和药材作比喻，想说明，粮食固然重要，但亦不能全国每个人都搞粮食，而没有人去生产药材。后来我又拿水、鱼和鱼市场来比喻三者的关系，也是为了说明，基础科学研究是根本，但也不能忽视后二者的重要性。很显然，没有水，就没有鱼；没有鱼，也就是不会有鱼市场。

这其中的"水·鱼·鱼市场"理论，就是最为形象、最为贴切的比喻。李政道为此还做了一首打油诗："基础科学清如水，应用科学生游鱼，产品科学鱼市场，三者不可缺其一。"无需多言，这首诗形象而生动地说明了基础科学、应用科学和产品开发三者之间的关系。

其实，基础科学的特别重要之处，同样是近代科学技术发展史给予我们的启示。如果说 18 世纪以前，科学发现与科学理论的发展与技术革新的联系还不是很紧密的话，那么，19 世纪以来，几乎所有重大的关键技术的突破，都源自基础科学的发现和发展。比如 20 世纪主要的现代科学和技术的突破性发展，如核能、激光、X 射线、半导体及超级计算机等，源头都可以追溯到相对论和量子力学。可是，相对论和量子力学本身，却是普通人根本看不懂的数学、物理符号，常人很难看得出它们的"实用价值"。

发展基础科学是掌握全球科技竞争战略主动的重要一环

早在 20 世纪 80 年代，邓小平就说："世界上一些国家都在制订高科技发展计划，中国也制订了高科技发展计划。下一个世纪是高科技发展的世纪。说起我们这个正负电子对撞机工程，我先讲个故事。有一位欧洲朋友，是位科学家，向我提了一个问题：你们目前经济并不发达，为什么要搞这个东西？我就回答他，这是从长远发展的利益着眼，不能只看到眼前。过去也好，今天也好，将来也好，中国必须发展自己的高科技，在世界高科技领域占有一席之地。如果 20 世纪 60 年代以来中国没有原子弹、氢弹，没有发射卫星，中国就不能叫有重要影响的大国，就没有现在这样的国际地位。这些东西反映一个民族的能力，也是一个民族、一个国家兴旺发达的标志。"

在实现中华民族伟大复兴的新时代里，习近平总书记指出，"我国科技界要坚定创新自信，坚定敢为天下先的志向，在独创独有上下功夫，勇于挑战最前沿的科学问题，提出更多原创理论，作出更多原创发现，力争在重要科技领域实现跨越发展，跟上甚至引领世界科技发展新方向，掌握新一轮全球科技竞争的战略主动。"或许，花大力气搞看似"无用"的基础科学，就是我们掌握"战略主动"的重要一环。

新中国成立以来，老一辈科技工作者为国家安全和发展做出了巨大贡献，取得了以"两弹一星"为代表的一批重大科技成就。吃水不忘挖井人。1999 年 9 月 18 日，表彰为研制"两弹一星"做出突出贡献的科技专家大会隆重举行。"两弹一星"元勋也由此被国人熟知。那么，"两弹一星"元勋的遴选过程又有哪些鲜为人知的故事呢？

"两弹一星"元勋遴选过程的启示

1999 年 9 月 18 日，中共中央、国务院、中央军委在人民大会堂隆重举行表彰为研制"两弹一星"做出突出贡献的科技专家大会，党和国家领导人为 23 位"两弹一星"功勋奖章获得者颁发奖章和证书。江泽民发表重要讲话指出，我们要实现跨世纪发展的宏伟目标，切实维护国家主权和安全，必须不断地提高我国的经济实力、科技实力和国防实力，不断增强我们的民族凝聚力。中国人民有站在世界科技进步前列的勇气、信心、智慧和力量。我们要始终瞄准国际先进水平，大力实施科教兴国战略，大力弘扬"热爱祖国、无私奉献、自力更生、艰苦奋斗、大力协同、勇于登攀"的"两弹一星"精神，埋头苦干，迎头追赶，努力使我国的科技事业继续实现新的飞跃。

从此，"两弹一星"元勋开始为世人所熟知。那么，"两弹一星"元勋是怎么选出来的呢？

江泽民关心"两弹一星"历史

1999 年初，《科学新闻》周刊刊登了《科学时报》记者刘振坤专访张劲夫而形成的《在中国科学院辉煌的背后》一文。此文在科学界引起较大反响，华裔科学家杨振宁特意给张劲夫打越洋电话，建议张老正式披露中国科学院参与"两弹一星"研制的历史。张劲夫觉得科技界的呼声和意见有道理，是时候披露出来了。但他很慎重，专门就此事打电话征询时任中科院院长、党组书记路甬祥的意见。路甬祥说："披露这段历史，我当然赞成。至于保密问题，我相信你所讲到的多是宏观的，不会涉及太多技术保密问题，更何况时间过去了三四十年，如果需要再谨慎一点，我们可以交给国家有关保密委员会，请他们审看嘛。"其实，路甬祥是最希望公开这段历史的，因为 1999 年既是新中国成立 50 周年，也是中科院建院 50 周年，隆重纪念中科院建院 50 周年并大力宣传中科院 50 年来取得的成就和做出的贡献本来就是当时中科院领导层着力推动的事情，张劲夫主动提出公开那段中科院最辉煌的历史，对于路甬祥而言，正可谓"求之不得"。并且，在国家深入推进科研院所"转制"改革的背景下，公开这段历史对于中科院争取更多国家支持和资源是极为有利的！事实上，中科院的"知识创新工程"即得益于此！因此，路甬祥和中科院党组极力推动此事。

在中科院的大力支持与推动下，1999 年 3 月中旬，张劲夫写成《中国科学院与"两弹一星"》草稿，经中央办公厅报送给了中共中央总书记江泽民。江泽民对此文非常重视。4 月 27 日下午 4 时许，他亲自给张劲夫打电话，"认为张老的文章写得非常之好，不但要在《科学时报》发表，而且要在《人民日报》等大报发表。这段历史不但要让全国人民特别是中青年知道，还要向全世界公布。已委托曾庆红同志落实文章在大报上发表的事情"。有了江泽民的指示，新华社社长郭超人、《科学时报》社总编辑罗荣兴、党委书记刘洪海等亲自负责，组织班子，核对文章的具体细节，因为必须保证文章史实的准确。5 月 5 日，新华社将署名张劲夫的《请历史记住他们——关于中国科学院与"两弹一星"的回忆》一文以通稿的形式发表。5 月 6 日，《人民日报》、《光明日报》等中央大报都在显著位置刊登了这篇重要文章。该文迅速在世界范围内引起强烈震撼。

国防科委副主任、聂荣臻的女儿聂力读罢这篇文章之后，也很激动，她征求张劲夫的意见，建议中央为成功研制"两弹一星"做出突出贡献的科学家颁奖授勋，召开表彰大会表彰他们的突出事迹。中共中央很快采纳了这个建议，决定对当年研制"两弹一星"做出突出贡献的科学家授勋。"两弹一星"元勋的遴选工作由总装备部、科技部、人事部等操作。

"两弹一星"元勋遴选过程之"争功"

为科学家授勋的工作很快启动，中央决定授勋20人左右。在遴选过程中，各部委为争取名额打得不可开交，因为名额即意味着本部门的辉煌和贡献，这是容易理解的！在7月29日的会议上，出现了各部委为争取名额而"剑拔弩张"的场面。会议结束前，时任中科院计划局副局长李志刚建议应征求老领导张爱萍、张劲夫的意见。8月3日，在中南海召开了由国务院副秘书长徐荣凯主持的小会，就选定的一份21人名单征求意见。张劲夫应邀到会，他对这份21人名单，没有说谁应该撤下，只是说应该补上钱三强、王大珩、吴自良三人，并特意说自己要为钱三强的问题，讲句公道话。其大意就是他在《请历史记住他们——关于中国科学院与"两弹一星"的回忆》一文中的主要观点，核心是强调钱三强在发展新中国原子能事业上所做的打基础工作以及在"两弹"科研攻关上调兵遣将、出题目安排研究项目、做学术组织工作等的重要性。张老反复强调"三强功不可没"，"名单没有他是缺憾"。后来，遴选小组尊重张老的意见，加上了钱三强、王大珩、吴自良三人，从原名单的21人中撤下一人，最后定了23人。

这里的问题是，为什么张劲夫先生的话是可信的、他对钱三强的评价是中肯的？这是因为，张劲夫在1956年—1967年间任中科院党组书记、副院长，主持中科院日常工作，中科院参与国防绝密研究的事情由他直接负责，因此，他对全局情况非常了解。

这里有一个佐证：当年与他一起共事的中科院分管军工研究的副院长裴丽生在听人读了张劲夫的文章后说："过去我虽然分管军工任务，但是有纪律，上边的情况不许打听，因此许多事情连我也不清楚。张劲夫同志是能够把这段历史说清楚的唯一的人，感谢他把这段历史说出来了。张劲夫的记忆力特别好，这一点我了解。"因此，笔者认为，张劲夫的评价是可信的。目前，我们无法知晓遴选委员会为什么没有把钱三强列入"两弹一星"元勋初选名单，但可以确定的是，遴选委员会最初肯定没能正确认识、理解和判断钱三强在原子弹工程全局上的重要作用和地位，在这里，或许钱三强在原子弹研制后期尤其是 1964 年 10 月 16 日原子弹爆炸成功之后的遭遇和经历直接影响了他们的判断——直到张劲夫先生在国务院组织的小范围会议上为钱三强的问题"讲句公道话"。

历史的发展往往是在偶然的机缘中蹒跚进步。长期以来，忌惮于严格的保密制度，历史的真相往往会被遮蔽，人们对原子弹工程往往是一知半解，即使是亲历者，也往往只了解自己所从事的那一块工作，而对全局情况缺乏充分的认识。在这种情况下，除了国家领导人和像张劲夫、宋任穷这样对原子弹研制工程有全面了解的人，一般的领导者对在全局上有着重要影响的人物就缺乏全面而深入的认识。更重要的是，这种一知半解的认识甚至差一点影响到了国家决策，比如，中国"两弹一星"元勋的名册上差一点就漏掉了钱三强、王大珩、吴自良的名字！

正确认识和评价科学帅才的作用

如果不是张劲夫先生那篇引起震动的文章，如果不是国家领导人对那篇文章的高度重视，可能就扯不出"两弹一星"元勋授勋颁奖这回事；如果不是当年李志刚先生给遴选小组的一个善意提醒，希望他们征求张劲夫等老领导的意见，如果没有张劲夫在小范围会议上的力争，钱三强、王大珩、吴自良的名字可能就不会出现在"两弹一星"的名册之上。这段惊心动魄的历史在让我们感慨的同时，也留给了我们深深的思考，即如何正确认识和评价科学事业的开拓者和大科学工程中的帅才人物的问题。

首先，科学事业开拓者的作用不容忽视。樊洪业先生曾用一则寓言来隐喻社会对开拓者的遗忘。话说食不果腹的年月，某君弱智，饥肠辘辘之时，有馒头可吃，一连吃到第五个才感觉到饱，他于是叹道：早知如此，我一开始就吃这第五个馒头不就行了吗，前四个馒头真是无用。寓言是生活的写照。现实社会中，的确不乏第五个馒头对前四个馒头的否定的案例，表现在科技领域，就是人们往往只看到取得重大科技成果时的辉煌一幕，而忘记了那些披荆斩棘的奠基者、开拓者。问题恰恰在于，如果没有奠基者、开拓者的前期努力，又何来此时之重大成就呢？钱三强在 20 世纪 50 年代的工作，为研制原子弹奠定了早期的科学基础，就是"喂饱"原子弹腾空而起的第一个"馒头"。因此，对于"第一个馒头"的历史作用，我们要给以足够的认识和充分的评价。在强调原始创新的今天，这一认识尤为重要，因为"原始创新"者一般来说都是他所开拓的那个领域的"第一个馒头"，需要给予更多的认可和更高的评价。唯有如此，"第一个馒头"才会更多，第 N 个馒头也才会收获更多、更大、更耀眼的成果。

其次，要正确评价大科学时代战略科学家、组织科学家的作用。20 世纪以来，随着科学的发展，尤其是技术上的突飞猛进，科学技术与工业工程的结合成为不可逆转的时代潮流，这一方面宣布了科学家以兴趣为主探索自然奥秘为旨归的经典科学时代的结束，另一方面也宣告了大科学时代的到来。大科学时代的典型特征就是科学技术逐渐演变为一项高度复杂的庞大的系统工程，不仅需要耗费惊人的人力物力，而且需要众多的科学家集体作战攻克难关。由此，关于大科学工程的谋划、组织、管理就变得十分重要，承担此功能的战略科学家、组织科学家应运而生。他们不是某项技术难关的攻克者，却是技术难关的研判者、攻克难关的组织者。没有他们，大科学工程就难以高效有序地推进。可以说，他们是大科学工程的灵魂人物。钱三强在苏联毁约、中国自主研制"两弹"的艰苦岁月里，就典型地承担了这一角色。在大力推进国家创新体系建设，大力实施重大科学工程的今天，科技帅才的作用尤为突出，科技帅才的成长环境和成才机制应当得到更多的关注。

"中国原子弹之父"之说是个舶来品，由此产生了"谁是中国原子弹之父"这个问题。人们对这个问题的看法也是仁者见仁，智者见智。我们认为，"谁是中国原子弹之父"并没有一个非此即彼的简单答案。今天，我们重温这一话题，对于深刻认识科技帅才在建设创新型国家和世界科技强国战略中的作用，有着强烈的启发意义。

谁是"中国原子弹之父"？

"中国原子弹之父"的说法自中国第一颗原子弹爆炸成功后，由法国传入中国，自始至今，有关此说的争论不绝于耳，先后出现过多种说法和版本，这反映了人们在认识这一问题上的多元观点，值得我们追寻历史展开深入的探讨。

"中国原子弹之父"是个"舶来品"

"中国原子弹之父"这个说法是在 1965 年由法国传入中国的。1965 年 7 月，钱三强收到法国营养学校原秘书、督学巴杭德邮寄的法国《科学与生活》1965 年 6 月号上的一页剪报文章《在中国科学的后面是什么》。文中写道："中国的科学研究工作是由中国科学院领导的。北京原子能研究所的领导人是曾在巴黎大学 Sorbonne 部学习过的物理学家钱三强博士。他才真正是中国原子弹之父。"

这是目前所见"钱三强是中国原子弹之父"的最早版本。根据《钱三强年谱长编》记载，是年，法国《科学与生活》又刊出一篇报道中国核科学研究的文章，认为中国"最重要的核专家，是钱三强博士"。在当时，即便是私人信件，只要是从外国寄来的，都要由组织上收拆。巴杭德的这封来信，由原子能所首先拆看，后报"科委八局"，再转二机部七局，最后批转给钱三强的秘书。这么一圈批阅下来，我们可以确定，"中国原子弹之父"说从 1965 年开始就已被圈内人知晓并在国内传播。

1967 年 6 月 17 日，中国第一颗氢弹爆炸成功；6 月 18 日，法国法新社科学编辑赛尔日·贝尔发表文章写道："人们认为钱三强是中国的核弹之父。"同一天，英国《星期日泰晤士报》发表文章说："没有哪个国家进展得有这样快。法国爆炸第一颗原子弹比中国早四年，但是仍然没有试验氢弹……关于参加这项计划的人物，外人知道很少，但是这个计划很可能是钱三强领导的。"这些消息和电讯，第二天就被转载到新华社编发的《参考资料》上。由此，"钱三强是中国原子弹之父"的说法得到了更为广泛的认可和传播。

钱三强本人对"中国原子弹之父"一直持极力反对的态度。钱三强对此的态度是："中国原子弹研制成功绝不是哪几个人的功劳，更不是我钱三强一个人的功劳，而是集体智慧的结晶。外国人往往看重个人的价值，喜欢用'之父'、'之冠'这类称谓。"

笔者曾有幸多次访谈钱三强的秘书、原中国工程院首任秘书长葛能全先生，葛先生谈到，钱三强曾在不同场合对中外记者、身边工作人员等说过类似的话。事实上，"中国原子弹之父"不但没有给钱三强带来荣誉，反而给他带来了很多烦恼和伤害。最大的烦恼就是被人认为自己是在"争功"，要知道，在那个只讲奉献的年代，突出个人很容易成为众矢之的——尽管这并不是钱三强主观的意愿。伤害则来自"文化大革命"，在那个极左年代，"中国原子弹之父"是钱三强这个"反动学术权威"的罪状之一，为此他没少吃苦头。

改革开放前，中国是一个非常强调集体主义、强调个人奉献的社会，"之父"说本身就与当时的主导价值观相左，很容易遭到批判和否定。另外，中国的核弹事业也确实是在毛泽东"大力协同办好这件事"的指示下，各条战线协作攻关的结果，做出突出贡献的科学家有很多，把"中国原子弹之父"的帽子戴在钱三强头上，不少组织领导者和科学家是有看法的。这也是改革开放后有关"中国原子弹之父"的讨论和不同观点形成的原因所在。

有关"中国原子弹之父"的五种说法

"文革"结束后，为了号召人民全力进行社会主义现代化建设，国家有意识地加强了对各条战线优秀人物和典型事迹的宣传。作为宣传重点的科技领域，有关"两弹一星"许多鲜为人知的故事此时开始为人所知，并成为社会关注的热点，"钱三强是中国原子弹之父"的说法也逐渐被更多的人接受和认可。

不过，当时思想日益活跃，人们对"究竟谁是中国原子弹之父"产生了不同的看法，至少有五种观点。

第一种观点认为钱三强是中国原子弹之父。这种观点影响最大，流传最广，在社会上的认可度也最高。"文革"之后，"钱三强是中国原子弹之父"的说法广为传播，主要有三条路径。

一条路径是通过报告文学这一特殊载体而传播。在20世纪70年代末的报告文学热中，钱三强成为重点宣传对象。1978年9月26日，《文汇报》发表《热风吹雨洒江天——访核物理学家钱三强》一文，公开提到"中国原子弹之父"。1979年，北京出版社和中国科学院党委合作出版《科学的春天》，这是中国科学院部分著名科学家的报告文学集，书中收录了作家张炯采写的《向光明的中国前进——记钱三强》。1987年10月27日，《科学报》发表文章《播春者之歌——记著名核物理学家钱三强的奉献》。1990年1月，王春江著写的《裂变之光——记钱三强》由中国青年出版社出版，随后，《文汇报》、《北京晚报》进行连载，影响甚大。

从20世纪70年代末到20世纪90年代初，钱三强算得上是中国报告文学界的"宠儿",曝光率非常高。"钱三强是中国原子弹之父"的说法也伴随着这种高密度的正面宣传,变得广为人知。

第二条路径是官方媒介的认可和宣传,以《人民日报》为代表的官方媒体提出和论证了"钱三强是中国原子弹之父"。1999年8月30日,《人民日报》发表《钱三强:"中国原子弹之父"》一文,这是中国最权威的官方媒体首次正面回应有关"中国原子弹之父"的问题。《人民日报》的这一观点得到了中共中央宣传部的认可。1999年9月,由中宣部宣传教育局编写的《人民不会忘记——共和国的建设者》一书出版,该书为国庆50周年而作,记录了新中国成立以来各条战线上的模范人物数十位,其中就有《中国原子弹之父钱三强》一文,而对邓稼先的定位则是"两弹元勋"。此后,《人民日报(海外版)》于2007年和2009年两次沿用了"钱三强是中国原子弹之父"的说法。

第三条路径则是大众化的、民间的研究和传播。包括学术界、科普界在内的社会各界出版的书籍、报刊之中,涉及"钱三强是中国原子弹之父"的内容非常多,这也是当前的主流观点。

第二种观点认为邓稼先是"中国原子弹之父"。此说亦影响甚大。作为杰出的核物理学家,邓稼先为中国"两弹"事业的发展做出了不可替代的重大贡献,张爱萍生前就称其为"两弹"元勋。1986年,在邓稼先生命的最后岁月,他的事迹经过官方媒

体的披露和宣传开始为人所知；6 月，中央军委主席邓小平亲自
签署命令，任命邓稼先为国防科工委科技委副主任；7 月，国务
院授予邓稼先全国劳动模范称号和奖章；月底，也就是 1986 年
7 月 29 日，邓稼先病逝。

由于国内媒体大量的宣传报道，特别是邓小平等党和国家领导
人对邓稼先的充分肯定，有关邓稼先是"中国原子弹之父"的说法
于 20 世纪 80 年代末开始传播，至今不时见于书籍与报章之中。

美籍华裔著名物理学家杨振宁在此说的传播中发挥了重要作
用。杨振宁与邓稼先之间有"50 年的友谊，亲如兄弟"。1993 年
8 月 21 日，在邓稼先去世七周年之际，《人民日报》发表杨振宁
撰写的《邓稼先》一文，将邓稼先与被誉为"美国原子弹之父"
的奥本海默相提并论，虽然文中没有出现"原子弹之父"的字
句，但明眼人一看就知道杨振宁是将自己的好友看作"中国原子
弹之父"。因为杨振宁的名气，也因为《人民日报》的特殊地位，
该文影响很大，多为后来者征引。耐人寻味的是，就在杨振宁将
邓稼先与奥本海默相提并论大为称赞之时，他又在段落结束的时
候写到了钱三强，他说："当初选聘他们的人，钱三强和葛若夫
斯（Groves），可谓真正有知人之明，而且对中国社会，美国社
会各有深入的认识。"这句意味深长的话常为征引者所忽视，或
许这句话更值得我们仔细品味。

第三种观点认为聂荣臻是中国的"原子弹之父"。这种观点最

早见于 1989 年由河南人民出版社出版的《毛泽东和他的分歧者》一书，该书作者是英国人克莱尔·霍林沃思，不过书中并未对此观点进行深入说明和阐述。1999 年王君编著的《我们的共和国丛书·九天揽月·建设卷》，从聂荣臻统揽全局，领导整个国防科技事业的角度，认为聂荣臻"不愧为我国的'原子弹之父'"。

此说虽有新意，但却与人们心目中的"中国原子弹之父"差异很大，因而影响有限。其实，作为新中国科技事业的杰出领导人，对聂荣臻的评价应当是超越"之父"说的。

第四种观点认为"中国原子弹之父"是一个群体。此说于 20 世纪 80 年代中期产生，影响也比较大。1987 年，军旅作家董滨的报告文学《中国原子弹之父》一书出版，该书用七个故事概述了中国原子弹制造过程中，从战士到将军，从技术员到科学家，不同行业人们的贡献，该书认为："他们是那样浩大的一个阵容，即使是七十个故事也难尽述！但是，如果把他们的英名镌刻在共和国核工业发展的史册上，那只需要七个字便可概括——中国原子弹之父。"该书内容较为单薄，还存在不少错误之处，客观地讲质量并不高，但由于成书于 20 世纪 80 年代中期，首印 50 000 册，主题鲜明，引人注目，还是有一定的影响。这一说法也被张开善先生发扬光大。

2006 年，张开善在《中共党史资料》上发表《究竟谁是中国原子弹之父——记参与中国第一颗原子弹研制的功勋科学家》

一文，细数王淦昌、邓稼先、钱三强、郭永怀、朱光亚、陈能宽、周光召、程开甲、彭桓武等科学家在中国第一颗原子弹研制中的贡献，认为"中国原子弹之父，不是某一位科学家，而是一个卓越科学家群体"。此文一经发表，其观点旋即被多家刊物和媒体转载，引起较大反响。

张先生的这一观点比较容易被人接受。但是，"之父"说本来就是强调集体之外的个人特殊贡献，此说无异于消解了"原子弹之父"的意义。另外，张先生认为钱三强"从事核工业发展的高层组织管理工作，无暇参加到中国第一颗原子弹研制的技术攻关当中"，"未能主持、参与中国第一颗原子弹的研制，从而与中国原子弹之父的荣誉失之交臂"。笔者认为，这种观点明显有违历史事实，值得商榷。

第五种观点认为不存在"中国原子弹之父"。2011年，陶纯、陈怀国著《国家命运——中国"两弹一星"的秘密历程》一书出版，由此书改编的同名电视剧也于2012年下半年在中央电视台播出，影响甚大。该书著者认为，"当代科学的发展早已不是爱迪生时代，原子弹、氢弹的研制是一项十分宏大的系统工程，中国没有原子弹之父、氢弹之父，中国的核事业是集体的事业，它取得的每一次成功都凝聚着万千人的奋斗和创造，辉煌和光荣不属于哪一个人，却属于每一个人，属于每一个在这条战线上埋头苦干的无名英雄。"其实，这一观点与第四种观点一样，都强调中国的原子弹工程是集体力量的结晶。

谁是"中国原子弹之父",不是个简单问题

"之父"说起源于西方,是对人类历史上在某一领域做出过特殊贡献的历史人物的称誉。有别于东方社会强调集体的力量与贡献,"之父"说带有一定的西方个人主义色彩,是对个人突出贡献的放大,或许这可以看作是"之父"说的某种局限性,但"之父"说的价值也是明显的。在人类历史的长河中,杰出人物往往发挥着巨大的作用,在一定条件下往往能够促成历史发展方向的改变。强调杰出人物的特殊作用,并不是要宣扬英雄主义和英雄史观。

关于"中国原子弹之父"的五种观点,笔者以为,如果将"中国原子弹之父"视为一个群体,等于消解了"中国原子弹之父"的存在。如果因为中国原子弹研制的特殊性而突出强调科学家集体的作用,我们可以完全抛弃"中国原子弹之父"这一舶来品。然而,"中国没有原子弹之父"的观点也有很大局限。尽管中国的原子弹工程是集体力量的胜利,但具体到每个人,发挥的作用和做出的贡献的大小却是不一样的。作为今时之人,我们还是有责任厘清历史的真相,辨识这个集体中的每个人在这一宏大科学工程中所发挥的独特作用。

　　如果我们认为"中国原子弹之父"是个人，那么，即便是参照"之父"说的基本内涵和要求，"究竟谁是中国原子弹之父"这一命题仍然存在着巨大的探讨空间。因此，重要的不是我们要给出"究竟谁是中国原子弹之父"一个非此即彼的简单答案，而是要在深入探讨"中国原子弹之父"的过程中，更加深入地体会、认识每一位科学家在这一大科学工程中的独特贡献。

2015 年 10 月，中国科学家屠呦呦获诺贝尔生理学或医学奖，一时举国欢庆，这反映了中国人很深的诺贝尔奖情结。其实，在改革开放之初，也就是十一届三中全会召开前后，中国政府在科学家杨振宁的帮助下，试图争取过诺贝尔奖，然而没有成功，中国科学家与诺贝尔奖"擦肩而过"。那么，此事之来龙去脉又是怎样的呢？

中国科学家与诺贝尔奖
"擦肩而过"之真相

.

20世纪60年代，我国科研人员通力合作，获得了人工全合成胰岛素的成功，一时惊艳世界。随之而来的该成果与诺贝尔奖的缘分纠葛，也成为中国当代科技史上一桩有名的公案。遗憾的是，不仅一些亲历者的回忆录说法不一，有关科普读物和报刊文章的描述更是众说纷纭，以讹传讹者众。兹举两例：

其一，《北京青年报》刊文称："由于人工合成胰岛素是'集体'研究成果，参加的主要科学家有十余人，最后平衡的结果，国内方面推荐了四位获奖候选人，而诺贝尔科学奖评选规则上明确规定，每项奖一次最多只能推荐三人。诺贝尔科学奖再次与中国科学家擦肩而过。"这种说法流布最广，至少笔者在中小学阶段，所接受的教育就是这一说法。

其二，关于中国政府为何只推荐钮经义一人作为诺贝尔奖候选人一事，当事人王芷涯回忆说："我只记得搞来搞去只好四个人……再少也要四个。而候选人最多只能三个，于是就摆不平了……四个不行，当然一个是可以，所以干脆给了钮经义。"

上述这两种说法，在中国流传甚广。笔者检索了多个电子文献数据库，发现类似的说法大量存在于报纸、杂志、著作甚至教材中。然而，事实真的如此吗？回答是否定的。那么，真相又是怎样的呢？

"人工全合成牛胰岛素"诺贝尔奖之缘的来龙去脉

1965 年，中国科学家历经数年艰苦努力，终于采取人工方法成功合成牛胰岛素。这项成果一经公布，立即在国际上产生了重要影响，不少国际知名研究机构和著名科学家给予高度评价，有关该成果"可以获得诺贝尔奖"的说法也随之产生并广泛传播。

1966 年 3 月 30 日，瑞典诺贝尔奖委员会主席蒂斯尤利斯到生物化学研究所参观时说："你们第一次人工合成胰岛素十分令人兴奋，向你们祝贺。美国、瑞士等在多肽合成、有机合成方面有经验的科学家未能合成它，也不敢合成它。但你们在没有经验的情况下第一次合成了它，使我很惊讶。"

1966 年 4 月 26 日，法国科学院院士、巴黎大学教授特里亚到生物化学研究所参观时，也对人工合成牛胰岛素的工作给予高度评价，并直截了当地说："这是很好的合作的例子"，"可以获得诺贝尔奖金"。

1966 年 4 月，王应睐、邹承鲁、龚岳亭等在欧洲生物化学学会联合会第三次会议上做了结晶牛胰岛素全合成的学术报告。"这个报告成为与会科学家议论的中心。美、英、法、荷、意、比、挪威、瑞典、芬、奥等国科学家热情祝贺中国科学家取得的重大成果，认为这是非常重要的贡献。"

1972 年夏，杨振宁第二次回国探亲，明确提出要为中国的胰岛素工作提名诺贝尔奖，然而，"在当时的条件下被周恩来总理婉言谢绝"。1975 年杨振宁重提此事则"遭江青拒绝"。

概言之，从人工全合成胰岛素的诞生，直至整个"文革"期间，新中国重大科技成就屈指可数，人工合成胰岛素因属于基础科学领域，加之其本土原创性和国际领先性，使其成为向国际社会宣传中国科学成就的一个典型，同时也成为国际社会了解中国科学的一扇窗口。

人工全合成胰岛素与诺贝尔奖之间纠葛的转折点发生在"文革"后的 1977 年——中国科学界开始谋求走出去、请进来，积极改善与国际科学界的交流交往。是年 6 月，中国科学院副院长钱三强应邀率团赴澳大利亚访问。在一次交流活动中，澳方科学家说："你们人工全合成胰岛素的工作是应该获得诺贝尔奖金的，问题在于你们愿不愿意接受。"钱三强听后非常惊讶，因为他对这一外国友人给予很高评价的研究成果并不知情（钱三强此前主要负责原子弹研制工作）。

钱三强向同团出访的王应睐、童第周等人询问，得以了解到我国人工全合成胰岛素科学研究成果之详情。钱三强当时还在澳大利亚时就对随团人员说，我国对诺贝尔奖不宜长期持拒绝态度。从澳回国后，钱三强立即向中科院的其他领导报告了在澳的所见所闻，并专门就参与诺贝尔奖评选一事提出了建议。当时，积极开展对外科技交流已成共识，故而钱三强的建议一经提出，便得到了积极响应。

1978年9月，杨振宁向邓小平提出，他愿意为中国科学家的原创性科研成果提名诺贝尔奖。10月，杨振宁再就此事向中科院副院长周培源呼吁此事。紧接着，生化所所长王应睐也收到了瑞典方面请他推荐下一年度诺奖化学奖候选人的来信。此外，美籍华人王浩教授也愿意为中国人工胰岛素科研成果提名诺贝尔奖。

总之，推荐人工全合成胰岛素诺贝尔奖候选人这件事，是在改革开放肇始的历史背景下，在国家科委和中国科学院的联合主持下进行的。启动这件事的愿望是好的：如果真的因此而获得诺贝尔奖，意义自然很大；即便不能获得诺贝尔奖，也能趁此机会总结成绩和经验，鼓舞士气，并加强我国科学界与国际科学界的沟通和联系，可谓一举多得。

推荐"诺贝尔奖候选人"的过程

1978年11月3日，国家科委党组和中国科学院党组召开联席会议，听取王应睐全面汇报关于胰岛素人工合成工作。会议经过讨论，一致认为该项研究成果可通过杨振宁向诺贝尔奖委员会推荐。时不我待，中国科学院党组决定此项工作立刻由副院长钱三强主持研办。

1978年11月6日，钱三强给杨振宁发电报，通报中国政府同意人工合成胰岛素申请诺贝尔奖的意见，并征询杨振宁是否愿意提名及帮助处理有关手续和材料准备。这一行动算是中国政府对杨振宁的明确答复。8日，杨振宁回电同意提名，告即有信寄到。11月27日，杨振宁回信：

> 提名人数不能超过三位。① 提名要有"评价"……② 另外要有一简单说明工作为何重要，约一二段文字即可。③ 要有论文摘要和复印本。如果赞成我提名，请速将①②③项所需寄下……请于一月十日前付邮。

正是杨振宁的这封信，为中国推荐人工合成胰岛素诺贝尔奖候选人的国内评选推荐工作指明了方向。1978年12月7日，钱三强回信杨振宁："振宁先生：你的电报和11月27日的信收到，谢谢。你热心关怀中国科学事业，你愿意提名，我们感谢。我们正在按你的意见作必要的准备工作，在一月十日以前将资料寄上。"是日，钱三强立即就此事致信方毅、蒋南翔、李昌：

①一周前我曾打电报给杨振宁，问关于申请诺贝尔奖金的候选人人数问题，他回电称最多三人。今天已收到他的信，经与李昌同志商量后我写了回信。

②有关奖金的准备工作，我们正在做下列几件事：

A请上海生化所、北大、上海有机所有关工作人员约30人于十二月十日到北京友谊宾馆开会。十一日—十二日由有关单位和人员作人工合成胰岛素先后经过和科学成就的报告，初步推荐有较大贡献的科研人员，总结经验以利于在当前的核酸合成的大协作中取得更大的胜利。

B组织评选委员会：童第周（主任）、周培源、严济慈、华罗庚、钱三强、杨石先、贝时璋、冯德培、于光远、黄家驷、王应睐、汪猷、柳大纲、张龙翔、邢其毅、梁植权、过兴先等十七人。

十三日由评选委员会无记名投票进行评选。

　　大家都非常重视这件事，都盼望方毅同志能在十三日（上午或下午）任何时间与大家见见面，鼓励鼓励，希望南翔同志和李昌同志一齐参加，共同照相以留纪念。希望方毅同志能够同意。我将在十二日向方毅同志汇报情况，时间由方毅同志定。

　　彼时，方毅是中共中央政治局委员、国务院副总理兼中科院党组书记，蒋南翔是国家科委常务副主任，李昌是中科院党组副书记，钱三强是中科院副院长（郭沫若于当年6月刚去世，中科院院长空缺）。由此可以认为，方毅、蒋南翔、李昌、钱三强构成了当时中国科技界的领导决策层。钱三强的建议很快得到了方毅、蒋南翔、李昌的认可和支持，召开人工合成胰岛素总结大会的工作迅速启动。

　　12月10日—13日，人工合成胰岛素总结报告会在北京友谊宾馆隆重召开。会议分析整理出了人工合成胰岛素工作中的主要环节和关键点，以及在科研中起主要作用的人员名单。会议过程中，激烈的争论和"争功"都是难以避免的，对此，一些当事人都有回忆，在此不赘言。

　　12月13日，评选委员会17人开会。经过无记名投票，会议选出了4位贡献突出的科学家：生物化学所的钮经义、邹承鲁，有机化学所的汪猷，北京大学的季爱雪。需要强调的是，尽管当时中国科学界较为封闭落后，但也知道诺贝尔奖每一个单项奖的获奖人数不会超过三人的惯例，四人方案显然不可行。为此，评审委员会在周密论证的基础上提出了两套方案，以供中央决策参考。

所谓的两套方案，也就是"推荐一位候选人"的方案和"推荐三位候选人"的方案。为何要这样煞费苦心呢？原因在于，推荐三位候选人的方案，主要是考虑到取得这一研究成果的特殊性——多家单位参与并都做出了重要贡献，当时会上各参与单位的"争功"就很激烈。推荐一位候选人的方案，主要是考虑其他国家科学家也在这一领域做出了重大贡献，做出类似科研成果的并非独有中国。

总结大会结束以后，12月14日下午，聂荣臻、方毅等国家领导人在人民大会堂接见了与会人员，并一起合影留念。

之所以要请聂荣臻、方毅等国家领导人接见与会者，一方面当然是对中国科技工作者过去科研工作成绩给予充分的肯定，以便在新的历史条件下起到鼓舞科技界士气的作用。另一方面，更重要的原因是，因参与这一科研工程的单位较多，各单位对谁的贡献大的看法又不一致，以致当时会上会下的争论很激烈。也就是说，本来是一件好事，却给国内有关科研单位埋下了矛盾和冲突的隐患。因此，从领导者层面，不想因为此事影响了学界的团结，不想让一件好事变成坏事。请国家领导人出面接见，算是给科学界一个安慰和暗示，此事到此为止，不要再生是非。然而，领导层所担心的，还是在后世发生了，围绕这一事件的是非，不知产生出多少流言与误解。

推荐钮经义作为唯一候选人的真实原因

12 月 10 日—13 日的会议后，钱三强主持起草了《关于向诺贝尔奖金委员会推荐我国人工合成胰岛素研究成果的请示报告》，该请示报告于 12 月 25 日由钱三强签发上报国务院。

这一报告对推荐人工合成胰岛素诺贝尔奖候选人有着非常清晰的说明：

> 诺贝尔奖金只发给个人。起初每项获奖者均为一人，后每项获奖人数虽不限一人，但至今尚未超过三人。
>
> 我国人工全合成胰岛素的研究成果，是集体共同努力的结晶。经过这次总结评选会议初步选出成绩较突出者四人，他们是：钮经义（生物化学研究所）、邹承鲁（原生物化学研究所、现生物物理研究所）、季爱雪（北京大学，女）、汪猷（有机化学研究所）。但是，如以四人申请，难以被接受；出三人，又牵涉到各方面矛盾较多，内部工作难做；而且西德、美国在胰岛素合成方面，也取得较好成就，有可能此奖

由两国或三国科学家同时获得。据此，我以一名代表申请获奖为宜。北京大学和有机化学研究所表示，如出一名代表，应由生物化学研究所选出；生物化学研究所推荐钮经义为受奖代表。

我们建议，以钮经义同志一人名义，代表我国参加人工全合成胰岛素研究工作的全体人员申请诺贝尔奖金。为促进内部团结协作，调动一切积极因素，对在胰岛素合成工作中做出贡献的单位和人员，将由国家给予荣誉和物质奖励。

长期以来，这一事件的当事人和研究者都没有机会看到这一官方文件。结果是，在当事人的回忆录和研究者的著述里，都因缺失这份最关键的官方文件而对评选推荐候选人的最终决定的理解存有缺憾。这份文件至少可以澄清：

第一，尽管国内在推荐人工合成胰岛素诺贝尔奖候选人的过程中有非常大的争论，1978 年 12 月 10 日—13 日的会议也的确推选出了钮经义、邹承鲁、季爱雪、汪猷 4 名代表。但是，中国政府最后确实只推荐了钮经义一人作为诺贝尔奖候选人，而不是像社会上流传的那样，"最后平衡的结果，国内方面推荐了四位获奖候选人，而诺贝尔科学奖评选规则上明确规定，每项奖一次最多只能推荐三人，诺贝尔科学奖再次与中国科学家擦肩而过"。这种我国因推荐了四位候选人而与诺贝尔奖无缘的说法是流传最广的。应当说，大众媒体的以讹传讹在这一说法的传播扩散中发挥了很大作用；另外，为中国的这一重大科研成果未能获诺贝尔奖寻找一个人为的借口，似乎也成了人们愿意接受这个说法的社会心理基础。

第二，中国政府最后决定选择"推荐一位候选人"的方案而不是"推荐三位候选人"的方案，就是现在看来也是一个明智之举。这是因为，人工合成胰岛素在20世纪60年代是国际热门的基础科学研究领域，特别是美国、西德等发达国家的科研机构，也做出了类似的科研成果。如果我国不顾实际情况而贸然推荐三人，那么我国获得诺贝尔奖的概率就更小——尽管最后中国也并未获奖。因此，中国政府充分考虑国际因素而推荐钮经义一人作为诺贝尔奖候选人代表，是完全正确的决定。那种因"摆不平"而"干脆给了钮经义"的说法是根本站不住脚的。

科学精英

科·技·重·塑·中·国

1978 年，作家徐迟的报告文学《哥德巴赫猜想》让数学家陈景润广为天下知，在"科学的春天"里，科学家的光辉形象被重新树立起来。当前，科学家形象不佳及其巨大危害已经引起有识之士的担忧，国家层面和科学共同体正在为重塑科学家的正面形象而不懈努力。现实总是联系着历史，所有的努力不仅要针对现实的问题，更要对现实问题的历史渊源有着深刻认识。或许，"哥德巴赫猜想"的冲击波与"科学的春天"的那段感人故事能给我们带来一些有益的启示。

"哥德巴赫猜想"与"科学的春天"

    "哥德巴赫猜想"原本是一个极生僻而高冷的数学难题。不过,就是这么一个高冷数学难题,在当代中国的知晓度却是很高的。提及"哥德巴赫猜想",年长的人们都会回忆起改革开放之初那激动人心的"科学的春天"的号角;即便是年轻人,对"哥德巴赫猜想"也不陌生,因为它频繁出现在书本和各类媒体以及老师们的授课中。这一切,都要从徐迟的报告文学《哥德巴赫猜想》与1978年全国科学大会谈起。

《哥德巴赫猜想》因 1978 年全国科学大会而生

    1977 年 9 月 18 日,中共中央向全党、全国人民发出了《中共中央关于召开全国科学大会的通知》,决定在 1978 年春天举行全国科学大会。《通知》要求"动员全党、全军、全国各族人民和全体科学技术工作者，向科学技术现代化进军"。召开全国科学大会，共商科学技术发展大计，这在中国共产党的历史上可不多见，要追溯历史的话，也只有1956年的中共中央知识分子问题会议和科学规划会议能够与之媲美。召开全国科学大会，表明中国共产党人已经从灾难的深渊中走出，已经认识到世界科技革命的浪潮及其深远影响。

在那个特殊的历史时期，中国的整体社会氛围还是沉闷的。为了开好全国科学大会，造成一种向科学进军的声势，中央在通知发出后，就有意识地做宣传和动员工作了。比如，1977年9月21日，中国科学院就在北京首都体育馆召开万人大会，传达《中共中央关于召开全国科学大会的通知》和全国科学大会预备会议精神，随后又召开了全国自然科学学科规划会议和全国科学技术规划会议。在这一气氛下，大造声势，大力宣传科学技术和科学家，成为时代主旋律。《哥德巴赫猜想》就是在这种氛围下应运而生的。

文学是时代的先锋、号角与吹鼓手。十年浩劫，知识分子，特别是科学工作者被打入另册，"臭老九"、"白专"典型、"资产阶级反动学术权威"是他们的外号，彻底改变十年来人们沉淀在潜意识里对科技工作者的错误认识，重新树立科学家的形象是非常必要的。对于这一点，文学工作者和文学作品起了不可替代的作用，负有不可推卸的责任。正是在这种使命下，《人民文学》将目光投向了科学家。据当事人回忆，选择陈景润作为书写的对象，纯属"神仙会"上七嘴八舌而来，并非事先领导指定；选择徐迟来写，也非组织指定。也许正因为这一策划是在没有多少干预下进行的，所以才会有了发表之后意想不到的成功与巨大影响。

作为诗人，徐迟几乎封笔十年了，然而在第一次与陈景润见面后，用徐迟的话说，"他多可爱，我爱上他了！就写他了"。据徐迟的儿子徐延回忆，"他（徐迟）写得很快，一个星期采访，一个星期写作，一个星期修改，一个星期发稿"。1978 年 1 月，《人民文学》杂志在头条刊发了徐迟采写的近两万字的报告文学《哥德巴赫猜想》。在诗人徐迟的笔下，一个爱党、爱国，不畏艰难、勇攀科学高峰、痴心不改、报效祖国的青年科学家形象跃然纸上。如果说，在《人民文学》这个文学刊物上发表，其影响力还比较有限，那么，主流媒体的转载刊发，则犹如在平静湖水中投下了一颗重磅炸弹。

1978 年 2 月 17 日，《人民日报》《光明日报》破天荒地用三整版全文刊发了这部作品。在资讯、信息和报刊资源匮乏的年代，这部作品犹如一股强大的冲击波，很快波及全中国，人们争相传阅，可谓洛阳纸贵。一时间，中国大地刮起了"陈景润旋风"，他成了科学的代名词。科学家似乎一夜之间也成了最时毛的职业，据说，许多青年就是因为看了《哥德巴赫猜想》，走上了追求科学的道路。不过，在当时的时代背景下，人们也有疑惑、忧虑。如何回应社会关切，系统阐述党在新时期的科学技术思想和指导方针，就成为一个亟待解决的重大理论问题。

邓小平在全国科学大会上发表重要讲话

陈景润和徐迟是注定要被写进历史的。1978 年 3 月 18 日，全国科学大会在北京隆重开幕，包括陈景润、徐迟在内的 5 586 名代表走进了人民大会堂。尤为引人注目的是，陈景润还坐上了会议主席台。在这次历史性的会议上，邓小平同志作了大会开幕式报告，这篇光辉的历史文献旗帜鲜明地拨乱反正，也可以说是对"哥德巴赫猜想"冲击波所带给人们的兴奋、疑惑、忧虑的一次集中的、正面的、系统的回应。

邓小平系统阐述了有关科学技术和科技工作者的重大原则性问题。第一个问题，对科学技术是生产力的认识问题。邓小平指出，在这个问题上，"四人帮"曾经喧嚣一时，颠倒是非，搞乱了人们的思想。科学技术是生产力，这是马克思主义历来的观点。邓小平接着指出，承认科学技术是生产力，就连带要答复一个问题：怎么看待科学研究这种脑力劳动？科学技术正在成为越来越重要的生产力，那么，从事科学技术工作的人是不是劳动者呢？邓小平旗帜鲜明地指出，知识分子已经是工人阶级自己的一部分。他们与体力劳动者的区别，只是社会分工的不同。从事体力劳动的，从事脑力劳动的，都是社会主义社会的劳动者。

第二个问题，关于建设宏大的又红又专的科学技术队伍。我们向科学技术现代化进军，要有一支浩浩荡荡的工人阶级的又红又专的科学技术大军，要有一大批世界第一流的科学家、工程技术专家。造就这样的队伍，是摆在我们面前的一个严重任务。在人才的问题上，要特别强调一下，必须打破常规去发现、选拔和培养杰出的人才。革命事业需要有一批杰出的革命家，科学事业同样需要有一批杰出的科学家。

第三个问题，邓小平主要讲了党如何领导科学技术工作的问题。小平同志指出，我们的国家进入了新的发展时期，我们党的工作重点、工作作风都应该有相应的转变。党委的领导，主要是政治上的领导，保证正确的政治方向，保证党的路线、方针、政策的贯彻，调动各个方面的积极性。科学研究机构的基本任务是出成果，出人才，要出又多又好的科学技术成果，出又红又专的科学技术人才。衡量一个科学研究机构党委的工作好坏的主要标准，也应当是看它能不能很好地完成这个基本任务。

小平同志的这些精辟论述，透彻地解决了长期以来被搞乱了的理论问题，从根本上澄清了理论是非和人们思想上的混乱，砸碎了长期以来套在广大知识分子身上的精神枷锁。

在全国科学大会的间隙，邓小平会见了陈景润，这是他们第一次，也是唯一的一次会面。记者是这样描述当时的场景的："当邓小平向陈景润走来，微笑着向他伸出手时，陈景润佝偻着背急步上前，用双手紧紧握住了邓小平的右手。千言万语，尽在这无声的一握之中。陈景润孩子似地笑着，邓小平亲切地嘱咐他，要注意身体健康，并且告诉身边的工作人员，要尽量给陈景润创造更好的工作条件。"

重塑科学家形象

1978 年全国科学大会的影响是极其深远的。正如郭沫若在大会闭幕式上所说："日出江花红胜火，春来江水绿如蓝，科学的春天到来了。"

回顾这段历史，特别是"哥德巴赫猜想"与全国科学大会的良性互动，可以给予我们很多启示，其中一个重要启示便是科学家形象的塑造问题。

在笔者看来，科学家的形象在当代中国的建构与传播大致经历了这么四个阶段。

第一阶段，"文革"前国家意志主导下的科学家形象的建构与嬗变。这一时期，政权初建，社会生活比较单一，各行各业以及各色人等都在国家的计划体制下发展，其形象的建构自然主要以国家意志为主导。就科学家而言，经历了"爱国知识分子"、"人民的知识分子"、"资产阶级知识分子"等多种身份与形象的阶段。政治风云和意识形态是影响这一阶段科学家形象的主要因素。

第二阶段，"文革"后至20世纪80年代中期的科学家形象。"文革"期间科学家被归类为"牛鬼蛇神"，无形象可言。"文革"后，国家建设急需科技人才的大力参与，科学家的形象迅速扭转，《哥德巴赫猜想》的冲击波开始，科学家的正面形象得以树立；1978年全国科学大会的召开，更使科学家的正面形象成为全民学习的榜样。改革开放的新政是这一时期科学家形象得以重构的决定性因素。

第三阶段，20世纪80年代中期至20世纪90年代末的科学家形象。1985年，国家启动科技体制改革，科研院所和科学家不再是衣食无忧，只在象牙塔里搞研究的特殊人物，他们也开始参与到商品经济的竞争与浪潮之中。科学家形象也逐渐发生蜕变，不再如改革开放初那样"高、大、全"，民谚"搞原子弹的不如卖荷包蛋的"就是这一时期科学家形象的生动刻画。体制改革与商品经济的冲击是影响这一时期科学家形象的关键因素。

第四阶段，21世纪以来的科学家形象。至20世纪90年代末，走出象牙塔的科学家已深入参与到社会主义市场经济建设中，在物质利益的诱惑和驱使下，一些科学家违反道德甚至违法牟利的事件不时进入公众视野。2000 年，中国科协在广泛调研的基础上，严肃指出并批评了科技界在科学道德与学风上的"七宗罪"，社会对科学家形象的关注也主要转移到科研道德与学术规范上。

当前，科学家形象不佳及其巨大危害已经引起有识之士的担忧，国家层面和科学共同体正在为重塑科学家的正面形象而不懈努力。现在，科学家的待遇甚至不如某些明星的一次出场费，这种价值观显然是要不得的，尤其是对青少年危害甚大，因此，重塑科学家形象，树立正确的价值观已刻不容缓。现实总是联系着历史，在笔者看来，所有的努力不仅要针对现实的问题，更要对现实问题的历史渊源有着深刻认识。或许，"哥德巴赫猜想"的冲击波与"科学的春天"的那段感人故事能给我们带来一些有益的启示。

钱学森是享誉海内外的杰出科学家，为中国国防科技事业和社会主义现代化建设做出了杰出贡献，被誉为"人民科学家"、"中国航天之父"、"中国导弹之父"、"火箭之王"、"中国自动化控制之父"，并被国务院、中央军委授予"国家杰出贡献科学家"荣誉称号和"两弹一星"功勋奖章。钱学森为什么这么牛，下面我们通过钱学森在"两弹一星"工程中的特殊作用来探知一二。

众帅之帅：钱学森与"两弹一星"

　　1955 年 10 月 8 日，钱学森历经曲折与艰难，回到祖国。从此，钱学森与中国的"两弹一星"事业，紧紧地联系在一起，并在整个"两弹一星"研制工程中发挥了十分关键的主心骨作用，是唯一一个在原子弹、导弹、卫星三大工程中都发挥了关键作用的大科学家。

"中国人为什么不能搞导弹？"

　　在钱学森回国之际，中共中央对于这位国际知名科学家的工作安排，是有考虑的。首先是在中国科学院成立力学研究所，让钱学森当所长，这也是后来钱学森在公开场合的唯一身份。中共中央很清楚，对于钱学森这样一个世界级的火箭专家，仅仅当一个力学研究所所长从事纯学术研究，实在是太浪费了。因此，钱学森回国后，让他参与并主持中国的尖端武器研制工作，是中央的既定方针，只是具体的切入点，暂时还没有想好。

钱学森回国后，中央让他到全国多走走，了解一下国内的情况，不急于安排工作，因为中科院还没把力学所配好呢。1955年底，钱学森到东北考察，东北是我国的重工业基地，工业技术基础比较好。钱学森提出要到哈军工参观。这可是大事，因为哈军工涉及军事机密，必须经中央军委批准方可参观。彭德怀闻讯后，不但批准了，而且指示陈赓前去迎接。

就在钱学森访问哈军工之前，也就是1955年11月中旬，哈军工的任新民、周曼殊、金家骏三人给陈赓院长写了一个报告，并请他转交中央军委。报告提出我国应当重视研制火箭武器和发展火箭技术。报告送到了国防部长彭德怀手里，彭德怀很重视，但导弹这东西太复杂，谁也没见过，所以不知道怎么处理好。

11月25日，钱学森造访哈军工，陈赓特意从北京赶来迎接。陈赓陪同钱学森参观了哈军工的空军、海军、炮兵工程系。钱学森还参观了风洞设备，会见了哈军工的高级科技人员，尤其是见到自己的学生罗时钧（钱学森指导的第一个博士），非常高兴。陈赓问中国人搞导弹行不行时，钱学森说了一句经典名言："有什么不能的，外国人能造出来的，我们中国人同样能造出来。难道中国人比外国人矮一截不成？"

12 月 26 日，陈赓陪同钱学森去医院面见了生病住院的国防部长彭德怀。彭德怀因为有朝鲜战争的切身体会，是最支持搞尖端武器研制的。他向钱学森请教了很多有关导弹的问题。彭德怀还指示陈赓，请钱学森为军队高级干部讲课，让高级指挥员都知道导弹是怎么回事，我们中国人民解放军一定要用导弹武装起来。于是，就有了钱学森为高级将领讲课一事。1956 年 1 月，在陈赓的安排下，钱学森在总政文工团排演场给在京的军事干部作报告，讲关于导弹武器知识的概述，连讲三场。贺龙、陈毅、叶剑英、聂荣臻，以及在京的高级将领都兴致勃勃认真聆听了钱学森的报告。

1956 年 1 月 30 日至 2 月 7 日，中国人民政治协商会议二届二次全体会议在京召开。钱学森被增选为全国政协委员，这是钱学森首次在中国政治舞台上亮相。2 月 1 日晚，毛泽东以中华人民共和国主席、中国共产党主席、中央军委主席的身份举行宴会，宴请全国政协委员。毛泽东特意让钱学森坐在自己身边，并拍下了一张经典的照片，广为流传。

1956 年 2 月 4 日，叶剑英邀请钱学森夫妇和陈赓至家中吃饭。交谈内容自然是如何发展中国的导弹事业。陈赓性子急，建议立即去三座门（中央军委所在地）找周恩来。几分钟后，三人就见到了周恩来。这是钱学森回国后，周恩来首次会见钱学森。周恩来让钱学森写个关于发展火箭、导弹的报告，交中央讨论。

2月17日，钱学森写出了《建立我国国防航空工业的意见书》。自此，中国的导弹研制工作正式提上了议事日程。周恩来四天后审阅了这份意见书，并送给毛泽东审阅。3月14日，周恩来主持召开军委扩大会议，讨论发展导弹事业的设想和规划。《建立我国国防航空工业的意见书》解决的是一个战略问题，也就是为什么中国要优先搞导弹而不是战斗机的问题。钱学森从三个方面阐述了这个问题：

首先看发展战斗机的问题：一代战斗机的研制周期，发达国家是十年，形成武器列装到部队，要15年。发达国家尚且如此，我国呢？我国工业薄弱，能设计却不能生产，即便有能力制造，但大量的仪器仪表、电子元器件和配套的雷达等，都难以保证生产质量。15年的周期肯定不够！即使解决了这些，以我国的经济实力，大批量生产也不现实。

其次，再看导弹的比较优势：飞机有人驾驶并需要反复使用，各部件都必须过关才能保证安全。导弹就不同了，它是自动寻找目标，而且是一次性使用，即使我们工业落后，不能确保每个部件是最好的，但根据系统工程原理，把一般的部件组合起来，同样能达到很好的效果。

最后看性价比：导弹的投入主要集中在科研、试验上，一旦研制成功，国家再穷，生产一部分应该不是问题。即使从战争角度看，导弹不仅对地面，也可以对空中、海上来犯之敌进行有效打击，在目前我国空军、海军还很弱的情况下，选择从导弹上突破，不失为一条捷径。

钱学森的分析论证是很有说服力的，所以优先发展导弹的战略很快就确定下来了。但是，也不是说这一决策就没有它的负面影响。最大的负面影响就是，中国飞机制造水平大大落后于世界。原因就在于在相当长的时间内，我们没有关于发展飞机的科技战略规划。而飞机在现代社会的重要性日渐突出，且不说军事上的，单说中国如此庞大的民航飞机需求，基本上都是买波音和空客的飞机。正是看到了这一弊端，所以，进入新世纪，中国领导人痛下决心，研制大飞机。

3月14日军委扩大会议的结果是，由周恩来、聂荣臻、钱学森等负责组建导弹科学研究的领导机构——航空工业委员会。"航空工业"主要指飞机、火箭、导弹等，当时是为了保密需要，取了"航空工业"这个名称。4月13日，国务院正式成立航空工业委员会，直属国防部。聂荣臻为主任，黄克诚、赵尔陆为副主任，刘亚楼、钱学森等为委员。"航空工业委员会"就是后来的国防科委、总装备部的前身。

5月10日，聂荣臻向国务院、中央军委提交了《关于建立中国导弹研究工作的初步意见》，建议在航委下设立统一管理导弹研制工作的导弹管理局；建立导弹研究院，以钱学森为院长，尽快开展导弹研制工作。5月26日，周恩来主持召开军委会议，同意了聂荣臻的所有方案。周恩来还做出了更具体的指示：

　　1. 导弹的研究方针是先突破一点，不能等一切条件都具备了，才开始研究和生产；

　　2. 研究导弹所需的专家和行政干部，同意从工业部门、高等院校、科研机构和军队中抽调；

　　3. 要说服更多的人为研制导弹出力；

　　4. 军队更要起模范作用，要人要钱，首先拿出来。

　　军委会议同意聂荣臻的方案之后，当务之急是成立导弹研究院（对外称国防部第五研究院）。最难的是调人，因为当时科技人才本来就非常少，各行各业都急需科技人才，他们都是各单位的顶梁柱，而且导弹研究院都是调最能干的专家，所以阻力很大。1956 年 6 月 2 日，聂荣臻召开会议，为导弹研究院选调人才。哈军工贡献最大，任新民、梁守槃、庄逢甘等就是第一批被调专家。其他单位不积极，答应的人才不放。钱学森提意见了，可是聂荣臻也搞不定，最后由周恩来亲自过问批准，硬生生调过来的。1956 年国家分配给五院 156 名大学生。为解决导弹科技人才奇缺的问题，聂荣臻建议在哈军工、北京航空学院、交通大学、清华等高等院校设置有关导弹的专业。

　　1956 年 10 月 8 日，也即是钱学森回国一周年的日子，国防部第五研究院正式成立，钱学森任院长。经毛泽东和中央军委批准，五院按兵团一级、分院按军一级行使职权。传说中有关钱学森中将军衔的说法，大概与此有关。

五院确立了以自力更生为主，力争外援和利用资本主义国家已有的科学成果为辅的方针。在人才政策上，对高级知识分子，只要不是反革命就任用；社会关系复杂也不妨碍用，贯彻"重在表现"的政策。大家想想，在那个年代，能搞导弹的，至少是大学毕业吧，而能上大学的，大多出身非富即贵。伴随着五院的成立，中国的导弹事业正式起航。

钱学森是中国导弹事业的技术总负责人，这一点是明确的。那么，在具体的工作中，钱学森这个"技术总负责人"的角色是怎么样体现出来的呢？关于具体技术上的决策和细节，至今仍封存在国家机密档案里，但从领导人的评价、相关人士的回忆以及公开资料中，我们仍能管中窥豹。下面，我们将从东风一号的仿制与发射、东风二号首次发射失败及其审察、东风二号发射现场决策等三个具体案例，来管窥钱学森在导弹研制工程中的核心作用。

"东风一号"发射现场，聂荣臻说：技术上钱学森说了算

中国导弹事业起步的时候，正赶上中苏蜜月期。根据中苏国

防新技术协定，苏联援助中国 P-2 导弹和全部的技术资料。1957年 12 月下旬，苏联按照协定向中国提供了两枚 P-2 导弹和全部的技术资料。（一个供训练，一个供五院解剖用）。P-2 导弹是在仿制德国 V-2 导弹基础上改进的地对地导弹，射程 590 公里，全长 17.7 米，最大直径 1.65 米，起飞重量 20.5 吨，发动机采用液氧和酒精作推进剂，推力为 370 吨。

根据中苏协定，导弹发射场建好后，中方购买一枚苏制 P-2 导弹用于首次发射，用于检验发射、跟踪、测试和弹着区数据处理等技术。1960 年 4 月，导弹运抵发射场，准备发射。突然苏方提出这枚导弹必须经过苏联国防部长同意才能发射。没办法，中方只得向苏联请示，得到批准却附加了一个条件：燃料液氧必须用苏方生产的。但苏方接着又说因故障无法提供液氧。中国紧急指示吉林化肥厂生产 20 吨液氧，到货后尽管检验合格，苏方又说有杂质不能用于发射，最后 20 吨液氧全部浪费了。这就是中苏决裂背景下，苏联对中国的刁难。

1960 年 8 月，苏联专家全部撤离导弹试验基地。9 月 10 日，中国用国产燃料成功发射了这枚苏制 P-2 地对地近程导弹。实践证明，基地各个系统运转正常，同时证明我国生产的导弹燃料是过关的。然而，发射的这枚导弹，毕竟是苏联生产的导弹，而不是我们自己生产的。我们连仿制的都还没有。

仿制苏制导弹是接下来的重要任务！苏联当时最先进的导

弹是 P–12，P–2 已大大落后，并且 P–2 根本就没有进入苏军战备序列；但中国仍视其为宝贝，对其进行仿制。1958 年 5 月 29 日，聂荣臻正式部署，展开对 P–2 导弹的仿制，要求 1959 年 9 月完成第一批导弹的总装出厂，争取国庆节前后试射，为此将仿制任务代号称作"1059"，隐含 1959 年是新中国成立 10 周年之意。一批苏联专家也来到五院，对中国科技人员进行传帮带。

尽管 P–2 导弹非常落后，苏联只给样品和一般资料，核心资料仍然不给：主要是火箭发动机试车台。没有试车台，发动机生产出来，就没法试车，不能试车，就没法拉去试射，等于一堆废铁。任新民三番五次找苏联专家组组长马蒙诺夫，马蒙诺夫找各种借口拖着不办，最后竟说中国没有能力生产试车台，发动机生产好之后，可以运到苏联试车。苏联的意图很明显：为了保持自己的领先地位，在尖端武器装备的科学研究上，使中国与它保持相当的距离，只同意我们仿制苏联即将停产甚至已经停产了的装备，使中国长期停留在仿制阶段，处于依附地位。

在这种情况下，原先设想在 1959 年国庆前后完成国产导弹试射的任务已经无法完成了。这也让高层认识到，发展尖端科技，必须依靠自己，靠别人是靠不住的。基于这些考虑，五院在 1961 年成立了三分院，专门负责试验工作。1960 年 3 月，在北京西南郊建成了中国第一台大型液体火箭发动机试车台。6 月份，按照苏联图纸，中国自行生产的 P–2 导弹总装完成。

10 月 17 日，发动机 90 秒经典试车成功。这表明"1059"发射任务进入倒计时。后来，中央军委将这种型号的导弹命名为"东风一号"。10 月下旬，军委决定当年 11 月至 12 月间实施东风一号发射任务；批准成立了试验委员会，张爱萍为主任，孙继先、钱学森、王诤为副主任。10 月 23 日，导弹专列驶出北京，27 日下午抵达导弹试验基地。

在导弹发射之前，要向弹体内加注推进剂。可是加完推进剂之后，导弹弹体却往里瘪进去一块。此事重大，基地领导立即报告到钱学森那里。

钱学森仔细观察之后认为，弹体的变形并未达到结构损伤的程度。当年他在美国做过壳体研究工作，知道这是在加入推进剂之后，泄出时忘了开通气阀，造成箱内真空，导致内外压力差过大，就瘪进去了。在点火之后，箱内要充气，弹体内压力会升高，弹体到时候会恢复原状。因此，钱学森认为可以照常进行发射。

可是，这毕竟是在中国大地第一次发射国产导弹，谁都不愿意看到失败，因此发射基地领导非常谨慎。按规定，只有钱学森、基地司令、参谋长三人同时签字，才能发射导弹。在弹体瘪进去这个问题上，基地司令和参谋长不同意发射。他们请在现场的聂荣臻决断。

聂荣臻则说："有钱院长的签字，我就同意发射，因为这是技术问题，技术上钱学森说了算。如果只有司令员和参谋长两人的签字而没有钱院长的签字，我倒不敢同意发射。"

11 月 5 日，"东风一号"导弹发射成功。聂荣臻在现场讲话说：这是我国军事装备史上的一个重要的转折点。但热闹之后，领导人和科学家很快冷静下来，因为导弹毕竟是仿制的，是照葫芦画瓢！要想造出中国自己的导弹，还有太长的路要走！

"东风二号"发射失败，聂荣臻指示由钱学森负责总结事故原因

1960 年 6 月苏联专家陆续撤退后，聂荣臻开始考虑在自力更生的条件下中国导弹研制规划。在断了外援的情况下，这一点是非常重要的。

在聂荣臻主持的一次会议上，钱学森提出了中国导弹发展规划：仿制 1059 成功，打响第一炮。接着研制自己设计的导弹，分三步走：第一步是在 1059 基础上研制短程地对地导弹，射程 400 公里；第二步研制中程地对地导弹，射程 2 000 公里；第三部研制远程地对地导弹，射程 4 000 公里。

聂荣臻肯定了这"三步走"战略。但进行了修改。聂荣臻对钱学森提出的研制规划进行了修改，以更加适合中国国防的实际需要。聂荣臻将中国导弹三步走的射程修改为：从近程 400 公里、中程 2 000 公里、远程 4 000 公里，修改为近程 700 公里、

中程 1 200 公里、中远程 2 400 公里。就弹道导弹而言，按照
射程分为短程 / 近程弹道导弹（射程 1 000 公里以下）、中程弹
道导弹（1 000—3 000 公里）、远程弹道导弹（3 000—8 000 公
里）、洲际弹道导弹（8 000 公里以上）。聂荣臻关于导弹研制规
划的设想，得到了 1960 年 7 月份北戴河会议的认可。这样，中
苏分裂后中国导弹的研制工作，就有了明确的方向和步骤。

　　"1059" 成功后，聂荣臻指示，仿制的规模不宜过大，因为
苏联援助的都是老产品，更新换代周期很短，船大了不容易掉
头。苏联专家撤离后，钱学森就递交了东风二号研制计划，得
到中央军委批准。自行设计的 "东风二号" 导弹全长 20.9 米，
弹径 1.65 米，起飞重量 29.8 吨，采用一级液体燃料火箭发动
机，以过氧化氢、酒精为推进剂，最大射程 1 300 公里，可携带
1 500 千克高爆弹头。任新民是东风二号导弹副总设计师，主要
负责新型火箭发动机的研制工作。

　　1962 年春节前，东风二号导弹发动机试车成功。1962 年 2
月底，总装完成了第一发供试验用的导弹。1962 年 3 月 2 日，
导弹专列从北京秘密启程。钱学森因身体原因留京，任新民、梁
守槃、屠守锷、黄纬禄、庄逢甘等悉数出征。路上走了五天四
夜。1962 年 3 月 21 日 9 时 5 分，东风二号点火升空。但升空不
久就开始摇摆，随后发动机起火，导弹只飞行了 69 秒，就坠落
在离发射台 680 米远的地方，发射失败。导弹爆炸威力很大，地

面被炸出一个深 4 米、直径 22 米的大弹坑。

张爱萍在现场向聂荣臻打电话报告了发射失败的情况。聂荣臻叮嘱"爱萍呀，你务必记住，一定不要往下追查责任！"虽说科学试验总会有失败，但在当时，发射导弹是国家大事，一旦被人上纲上线，后果不堪设想。因此，聂荣臻的话体现了对科技工作者的爱护。聂荣臻点名让钱学森带一个工作组去酒泉基地，分析事故原因。必须把问题找出来，否则没办法给中央交代。

在钱学森领导下，五院三个分院和发射基地的领导以及技术骨干进行了半个月的专题总结，大家畅所欲言，深入分析事故原因。

梁守槃认为：设计的时候，他和孙家栋都认为这枚导弹直径应在 2.2 至 2.4 米之间为好，结果直接采用了东风 1 号 1.65 米的弹体直径，导弹长了两米多，直径却没变，太细太长，很容易产生剧烈震动。

任新民认为：当时东风二号导弹的发动机总共试制了五个，其中两个在试验中成功，两个在试验中失败；照理应该继续试验，可是当时急于求成情绪浓厚，就把第五个发动机直接装上东风二号，导致发射失败。

黄纬禄认为：东风二号跟东风一号的直径一样，但弹体加长了，主要是为了多装推进剂，以打得更远。如此一来，发射后弹体就像扁担一样产生振动，这叫弹体的弹性共振，导致失败。

钱学森综合专家们意见，把事故原因总结为两点：一是没有充分考虑导弹弹体是弹性体，飞行中弹体会作弹性振动，与姿态控制系统发生耦合，导致导弹飞行失控。二是火箭发动机改进设计时提高了推力，但强度不够，导致飞行过程中局部破坏而起火。

在总结失败原因的基础上，钱学森提出以下建议：

第一，把一切事故消灭在地面上，导弹绝不带着疑点上天。东风二号的失败就在于上天前没有在地面上进行充分的试验。为此，必须建设一批导弹的地面测试设备。第二，不能再照猫画虎，必须加强对总体设计规律性的认识，设立总体设计部，负责对各个分系统的技术难题进行技术协调，统筹规划。"不求单项技术的先进性，只求总体设计的合理性。"

钱学森等五院骨干向聂荣臻汇报了失败的原因，针对专家们关于发射失败原因的总结和建议，聂荣臻做了影响深远的四点指示：

第一，从这次的失败来看，必须一个型号一个型号地摸透，决不能有一点凑合，否则，偶然成了，下一次仍会出问题。第二，部队上党委统一领导的首长分工负责制、重大问题党委讨论少数服从多数的办法在科研单位不灵，技术上不能搞少数服从多数。第三，建议落实技术责任制，技术人员不能光有责任没有权力，技术问题应由技术人员说了算，对于技术问题，行政领导不得过多干预，避免瞎指挥。第四，建议设立型号总设计师制度。

每个型号都任命总设计师，分系统设主任设计师，设备设主管设计师。在批判"名与利"的时代，聂荣臻提出设计师制度是很了不起的，后来成为新中国科研事业的一项重要制度。

总结失败原因后，在钱学森的领导下，对东风二号进行了全面的彻底重来：

第一，重新审查设计，不是小修小改，而是从发动机到各个分系统，都重新设计。在钱学森主持下，修改了东风二号导弹的设计图纸，研制出了改进型的东风二号导弹。第二，组织落实地面基础设施建设。导弹技术是高科技的集中体现，不仅需要理论设计，更需要通过实验设备不断地完善。穷凑合是不行的。在钱学森等科学家的建议下，大力开展了科学研究基础设施建设。大型实验基础设施建设包括：大型火箭发动机试车台、全弹振动试验塔、全弹试车台、超音速风洞等。在研制过程中，充分进行地面试验，确保万无一失。共进行了17次大型试验。第三，落实总体设计和设计师制。钱学森担任总设计师，任新民担任副总设计师兼发动机总设计师，梁守槃、屠守锷、黄纬禄、庄逢甘等分别负责各个分系统。

重新设计研制东风二号的过程是很艰难的。总是失败，这引起了多方质疑：一年多过去了，大型设备都建设好了，条件都满足了，可是还没拿出成功的导弹。地面试验一次次地总是不过关，问题百出，人们开始怀疑，我们这些专家，没有苏联人的帮助，到底行不行？甚至有人指名道姓说，钱学森到底行不行？

这些议论和质疑并非全是恶意的。在当时的情况下，很多人确实认为，离开了苏联的帮助，我们自己是搞不出尖端武器的。一开始任命钱学森为五院院长时，很多军队高干就不服，说钱学森寸功未立，凭什么给他那么高的位子？

种种质疑声音传到聂荣臻那里，他决定亲自到五院开座谈会，打消群众的怀疑情绪。聂荣臻讲述了初创时期任新民等人的感人事迹：五院建院时，任新民、庄逢甘最早来报到，当时宿舍没建好，他们就在办公室睡铺板；没有食堂，他们就用煤油炉天天煮面条吃。聂荣臻动情地说了一句流传下来的名言："这么好的科学家如果不信任，我们还能信任谁？"聂荣臻亲自召开座谈会，不仅打消了群众的疑虑，也鼓舞了广大科技工作者尤其是专家的士气。

"东风二号"成功发射前夕，钱学森采纳王永志的排除故障方案

经过两年多的艰苦奋战，到1964年初夏，东风二号完成研制，运抵内蒙古额济纳导弹发射基地。6月底，开始往导弹加注液氧和酒精。就在加注的过程中，发生一件意想不到的事故。由于天热温度太高，燃料膨胀，导弹燃料贮箱内加不进所需的燃

料，并且还溢出来一些。不能按原设计加注燃料，是会产生很严重后果的：燃料不足，射程肯定受影响，如果不能射到1 200公里之外落区，那么，在落区的测量设备就用不上，数据就拿不到，那么，导弹发射就不能算成功。

钱学森主持召开技术民主大会，集思广益。有人提议主动缩短射程，张爱萍、钱学森、任新民都不同意。不到万不得已，不能缩短射程，搞不好要犯政治错误。面对这一难题，王永志的历史时刻到来了。

在集思广益的大会上，当时还是中尉技术员的王永志提出，应该少加一点燃料，减少燃料的总重量。他的建议立即引来哄堂大笑。有人说，明明是推力不够，射程才短的，你还要往外卸，疯了你？你再卸燃料，中程导弹就变短程了。就这样，王永志的建议被淹没了。但是，王永志仍然觉得自己的想法是对的，于是，他决定去找钱学森谈一谈。

入夜，王永志鼓足勇气去找钱学森。据载，他们两人的对话是这样的：

王永志：把酒精倒出一部分，改变氧化剂和燃烧剂混合比，通过减少燃料，使氧化剂相对增加的办法来达到产生同等推力的目的，这时起飞重量减轻，射程就大了。

钱学森：你的意思是，导弹发射到预定目标时，燃料和氧化剂同时消耗完，既不浪费其中任何一种物质，又消除火箭承载的废重。

王永志：是的。

钱学森：你计算过吗，要减少多少酒精？

王永志：我算了，可以卸掉 600 公斤。这是计算公式。

钱学森：王永志，你大胆逆向思维，和别人不一样，不简单！我看这个办法行！

在钱学森的支持下，王永志在第二天的会议上把自己的想法和盘托出，得到了一致认可。后来的发射事实也证明，王永志是对的。王永志的出色表现得到了钱学森的高度肯定，从此也改变了他的命运。多年后，中国载人航天工程上马，钱学森提议王永志担任总设计师。王永志不负众望，载有杨利伟的神舟五号飞船遨游太空并成功返回，一时惊艳世界。

1964 年 6 月 29 日，改进后的东风二号导弹发射成功。钱学森在发射现场发表了即兴讲话，他说："如果说，两年前我们还是小学生的话，现在至少是中学生了。短短两年，大家努力提高到中学水平，不简单。现在，美苏都欺负我们，但是，我们有党中央和毛主席的领导，我们发扬自力更生精神，战胜了很多困难，终于打破他们对尖端技术的垄断，这是值得庆贺的一件大事情。"聂荣臻得知消息后，在电话里向钱学森表示祝贺："现在看得更清楚了，上一次的失败，的确不是坏事情。这个插曲很有意义。"

1964 年 7 月 9 日、11 日，又连续两次成功发射东风二号成功。三发三中，表明东风二号具备稳定的技术基础，可以投入批量生产，先后生产 160 枚。从 1966 年起，东风二号开始装备部队，成为第一种投入实战的中国自己设计、自己制造的中程地对地导弹。

在建设创新型国家的征途中，我们总是企盼能有更多的科学大师涌现出来，总在寻找培养科学大师的妙方。怎样才能成长为科学大师？钱学森的成长成才之路，或许能给我们提供一些有益的启发。

钱学森的科学大师之路

在大众媒体上，我们常能看到，某位功成名就的科学家谦逊地对记者说，自己的科学成就是一个偶然机会发现的，是运气好而已。这很容易给人一种印象，似乎科学研究只是靠碰运气，运气好就能一举成名。其实，这只是科学家谦虚的说法。不经过严格的科学训练和艰苦卓绝的努力，是不可能成为一名卓有成就的科学家的。钱学森就是如此。

接受一流教育和严格科学训练

1914 年，年仅三岁的钱学森跟随父母从杭州到了北京，一直到 1929 年，钱学森在北京生活了 15 年，从启蒙教育到高中毕业，接受的都是当时的一流教育：今天的北京市第一实验小学、第二实验小学、北京师范大学附属中学就是当时钱学森就读的学校。

北京的中小学教育给了钱学森极深刻的印象，他亲笔写下的一份回忆录中提到在他一生中给予他深刻影响的人有 17 位，除父母外，小学教师 2 名、中学教师 7 名、大学老师 3 名、留美期间 1 名、归国后 3 名。尤其是中学教育，对钱学森影响极大。他曾回忆说："那个时期高中分一部、二部，一部是文科，二部是理科，我在理科。高中毕业时，理科课程已经学到我们现在大学的二年级了。所以，北师大附中在那个时候办得那样好我是很怀念的。"

中学毕业后，钱学森考入国立交通大学上海本部，进铁道机械工程科。交大工科创建之初，从美国麻省理工学院购进成套教科书，以麻省理工学院为蓝本进行教学，被誉为"东方的MIT"（麻省理工学院），当时的交大毕业生到欧美留学，无须再入学考试。钱学森对此曾说："交大的课程安排全部是抄此校的，连实验课程的内容也都是一样的。交大是把此校搬到中国来了。因此也可以说交大当时的大学本科教学水平是世界先进的。"

钱学森大学期间成绩优秀。当时大多数学生的平均成绩在70—80 分之间，而钱学森每年的平均成绩都超过了 90 分。1933年上半年，钱学森因成绩优秀受到嘉奖，并免缴学费。1934 年 6

月，钱学森又获得黎照寰校长颁发的奖状。

大学毕业后，钱学森赴美留学，先入麻省理工学院读硕士。因交大的培养与麻省理工学院很相似，所以钱学森很快适应了那里的学习生活，只用了一年的时间，就获得了飞机机械工程硕士学位。

飞机机械工程是一门实践性很强的专业，钱学森毕业后本来打算去飞机制造厂实习。但是美国规定，美国的飞机制造厂只允许本国学生去实习，不接纳外国学生。钱学森只能改变自己的专业方向，转入加州理工学院攻读航空理论博士学位，并有幸成为空气动力学之父冯·卡门的学生。

严师出高徒。冯·卡门非常强调创新和学术民主，经常召开学术讨论会，鼓励学生提出不同的观点，这对钱学森的快速成长起到了重要的推动作用。这里有一个故事：冯·卡门与钱学森曾因一个学术问题而激烈争论，冯·卡门一气之下把文章扔掉了，师生不欢而散。第二天一早，冯·卡门来到钱学森办公室给他深鞠一躬，并说"我昨天一夜未睡，想了想，你是对的"。冯·卡门虚怀若谷的作风，让钱学森感动不已。

在"民科"泛滥、"速成"流行的当下，钱学森的成长之路无疑给予我们很大的启发：接受严格的科学训练，是从事艰深科学研究并取得成就的前提条件。只有接受严格的科学训练，日后才能厚积薄发。

不断开拓新的科学研究领域

要成为科学大师，仅仅接受系统而严格的科学训练显然是不够的。能称得上科学大师的科学家，首先是要贡献突出，同时还要有开拓精神，能开风气之先，在诸多领域都有引领时代的重大贡献。钱学森就是如此。

受孙中山"铁道救国"思想之影响，钱学森于1929年入交通大学时所学专业为铁道机械工程。1931年"九一八事变"后，日本大举入侵中国。1932年，淞沪抗战打响。日军凭借空中优势，对我国土狂轰滥炸，使中国军民惨遭杀戮。在此背景下，不少有识之士提出了"航空救国"的口号。

在"航空救国"热潮中，钱学森也深受影响，决定在毕业之后，从铁道机械工程专业转向航空领域。钱学森为此开始作准备。他选修了外籍教师开设的航空工程课程，在图书馆阅读有关飞艇、飞机和航空理论的书籍。这是钱学森第一次改变专业方向。他自己曾回忆说："那时交大图书馆在校门右侧的红楼，是我每天必去的地方。一是读报，二是看书……讲飞艇、飞机和航空理论的书都读。讲美国火箭创始人戈达德的书也借来看。我记得还借过一本英国格洛尔写的专讲飞机机翼气动力学理论的书来读；当时虽没完全读懂，但总算入了空气动力学理论的门，这是我后来从事的一个主要专业。"

　　钱学森第二次改变专业方向是在美国麻省理工学院获得硕士学位之后。20世纪三四十年代，世界航空业正处于大转折时代：从老式的螺旋桨飞机向喷气式飞机发展，飞机正处于追赶甚至超过音速的时代。钱学森以此前沿问题作为自己的研究对象。1939年，钱学森完成《高速气体动力学问题的研究》等四篇论文，获加州理工学院航空和数学双博士学位。

　　钱学森并没有止步于自己的博士研究方向，他第三次开拓自己的专业方向是在加州理工学院读博期间。1936年初，加州理工学院的四名学生马林纳、史密斯、帕森、福尔曼组成"火箭俱乐部"。前两位是冯·卡门的学生。钱学森来到加州理工后与史密斯共用一个实验室，史密斯发现钱学森数学功底好，就把他拉进了"火箭俱乐部"。这个民间"火箭俱乐部"是美国历史上最早研制火箭的科研组织，其实验室所在的阿洛约塞科山谷如今就是著名的美国宇航局喷气推进实验室的所在地。包括钱学森在内的这五人，被推崇为美国研制火箭的"元老"。

　　钱学森第四次开拓自己研究领域，是在1950年—1955年滞留美国期间。这一期间，美国人审查迫害钱学森，禁止他在加州理工学院从事一切科研活动。但是，钱学森的大脑没有停歇，在五年的时间里，他写出了光辉的《工程控制论》和《物理力学讲义》两本学术经典，开辟了工程控制论、物理力学的新领域。

　　总结钱学森的研究领域，涵盖飞机机械工程、航空理论、空气动力学、工程控制论、火箭技术等诸多科学领域，钱学森在这些领域的贡献也都是开创性的。中国人都知道钱学森为我国"两弹一星"工程做出了巨大贡献，其实，这种巨大贡献的背后，是钱学森广博而精深的科学素养。

做研究要阅读全世界各种语言的文献

　　即便是最谦虚的科学家，也会强调勤奋对于一个科研工作者的重要性。如果说19世纪以前的科学发展更多的是源于天才对大自然的"惊异"，那么20世纪以来的科学发展，更多地源于科学家基于勤奋基础上的激烈竞争。在科学技术深度细化而又高度综合的当代，勤奋与献身精神是走向科学大师的必备条件之一。钱学森的成功就说明了这一点。

　　钱学森对自己是如何做学生和做研究的有过较多的回忆。让我们看看钱学森的研究生生活是怎么过的："那时候早晨起来晚，上午到图书馆翻杂志，或者到实验室看实验，并和实验人员聊天，下午参加讨论班的争论，卡门教授也参加争论，但不影响人与人的关系。晚上以后就一直工作到子夜12点。"

　　再让我们看看钱学森是怎么做研究的。钱学森在一次谈话中对自己的得意门生、中科院院士戴汝为先生说："我不是说大话，我在做空气动力学的时候，关于空气动力学方面英文的、法文的、德文的、意大利文的文献我全都念过。为了要把它做好，我得这么念，而且还进行了分析。"1962 年，钱学森在北京的一次力学会议上还这么说过："我过去发表过一篇重要的论文，关于薄壳方面的论文，只有几十页。可是，我反复推敲演算，仅报废的草稿便有七百多页。要拿出一个可看得见的成果，仅仅像一座宝塔上的塔尖。"

钱学森的大师之路向我们表明，要想在科学上有所成就，必须异常地勤奋，重要科学成就都是用汗水甚至生命换来的。搞科学研究，必须要有坐冷板凳的精神，必须要有献身科学的精神，快乐学习、快乐科研从来都是一种传说，过程一定是艰苦的、痛并快乐的。

改革开放以来，海外华人科学家为中国科技事业的发展做出了巨大贡献，这其中，李政道就是典型代表。在 20 世纪 80 年代，邓小平年年会见李政道，有的年份还不止会见一次，二人之间的书信交流更是频繁。那么，日理万机的邓小平，为何如此重视李政道呢？

至少 14 次会见，邓小平为何
如此看重李政道？

　　美籍华裔科学家李政道因长期致力于推动中国科学和教育事业的发展而备受世人称道。那么，李政道的报国之举是如何得以实现的呢？这当然首先归因于李政道的赤子之心、远见卓识和出色的动员能力。但是，这也离不开中国国家领导人的鼎力支持，邓小平就是最大的支持者。

中国必须在世界高科技领域占有一席之地

　　李政道第一次见到邓小平是在"文革"后期的 1974 年。这年 5 月，李政道作为美籍华裔著名科学家第二次回到祖国。5 月 24 日，周恩来总理在人民大会堂接见了李政道全家。这次接见，不仅邓小平参加了，"四人帮"也参加了，更重要的是，李政道与"四人帮"之间展开了一场关于科学和教育问题的著名辩论。这场辩论之于邓小平与李政道的意义在于，它让参加此次接见的邓小平了解到李政道的赤子之心和为人为学，这为日后邓小平在事关科学和教育的诸多问题上支持李政道的建议和想法奠定了基础。

邓小平作为党和国家领导人与李政道的正式交往，从目前可考的资料来看，是在1979年春邓小平访美期间。据李政道回忆："第二次见到小平先生是1979年在美国，在那次中美间高级领导人的会晤中，科技合作是很重要的方面，高能物理方面的合作被写进了双方协议中。"李政道这里提到的"高能物理"，是新中国成立以来重点发展的科学领域之一，核心是建造中国自己的高能加速器。自新中国成立以来，这一直都是中国政府和科学家的愿望。然而，实现这一愿望的过程却极为曲折复杂，有"七下八上"之说，也就是七次下马，第八次上马的意思。而第八次上马，也即1981年中央决策建造北京正负电子对撞机，就是李政道付出很大心血并且一直得到邓小平鼎力支持的一个重大科学工程。

从1979年到1989年的11年间，邓小平共13次会见李政道，除1989年的会见主要谈中国的改革开放政策不会动摇等中国的重大方针政策而不涉及北京正负电子对撞机外，其余十次会见所谈话题，均涉及对撞机工程建设问题，由此可见邓小平对这一重大工程的重视。不仅如此，李政道还通过给邓小平写信的方式，提出问题、做出建议、寻求帮助，都得到邓小平的正面回应。

那么，中国为什么要搞北京正负电子对撞机这一耗资巨大的科学工程呢？邓小平曾在两个不同场合从不同角度回应了这个在当时颇有争议的问题。1986年10月18日，邓小平在会见意大利物理学家齐吉基和李政道夫妇时说："前几年有的外国科学家问我，你们在不富裕的情况下为什么要搞加速器？我说，我们是从长远考虑。在高科技方面，我们要开步走，不然就赶不上，越到后来越赶不上，而且要花更多的钱，所以从现在起就要开始搞。"1988年10月24日，邓小平前去视察已建成的北京正负电子对撞机，发表了《中国必须在世界高科技领域占有一席之地》的著名讲话，他说："下一个世纪是高科技发展的世纪。过去也好，今天也好，将来也好，中国必须发展自己的高科技，在世界高科技领域占有一席之地。这些东西反映一个民族的能力，也是一个民族、一个国家兴旺发达的标志。现在世界的发展，特别是高科技领域的发展一日千里，中国不能安于落后，必须一开始就参与这个领域的发展。不仅这个工程，还有其他高科技领域，都不要失掉时机，都要开始接触，这个线不能断了，要不然我们很难赶上世界的发展。"正因为邓小平对北京正负电子对撞机的高度重视，所以这一工程也被称为"邓小平工程"。

李政道在回顾中国高能物理事业的发展时，高度评价邓小平给予的巨大支持："总结起来，真正结束中国高能物理发展徘徊状况的人是邓小平。据我所知，在决定正负电子对撞机要不要上的最后时刻，他以政治家的气魄分析说，要么就不干，要么就坚决地干，不能总是犹豫不决。""正是小平先生的亲自过问，北京正负电子对撞机才成为世界上少有的完全达到原设计要求的设施。没有小平先生，就不会有北京正负电子对撞机。"

CUSPEA 项目曾被认为是"丧权辱国"

邓小平和李政道交往的另外一个重要主题就是如何更好、更快地培养中国现代化建设急需的科技人才。改革开放初期，邓小平认识到，十年"文革"已经造成人才断档，科技发展停滞，中国要搞改革开放，要实现四个现代化，没有一大批高素质的人才不行。因此，邓小平复出后最关心、最先抓的工作就包括教育和科学工作。而李政道出于职业敏感性，最关心的也是祖国的教育问题。"文革"结束后，李政道将为祖国培养人才的想法付诸实践，并得到了邓小平的赞赏和支持。

第一件事是邓小平充分肯定李政道借助美国的研究力量为中国培养高能物理人才。"文革"结束后，中国决定研制质子高能加速器，史称"八七工程"。尽管李政道对该工程的方案有不同看法，但还是积极支持中国的决定。他敏锐地认识到，国内人才缺乏，如果中国决定搞加速器建设，就必须重视人才尤其是实验人才的培养。在李政道看来，利用美国各大学和国家实验室进行培养，是非常有效的途径。

1978 年 1 月 8 日，李政道给时任国务院副总理的方毅写信，提出了《关于培养高能实验物理学者的一些建议》，得到了中国政府的肯定。经过李政道的联络，中国向美国布鲁克黑文国家实验室、费米国家实验室和斯坦福直线加速器中心等美国五大实验室和部分大学派出了 40 多名学者，这批学者研修结束回国后，在我国粒子物理和后来的北京正负电子对撞机工程建设中发挥了骨干作用。因为李政道在促成这些学者赴美学习中的特殊作用，这些学者被称作"李政道学者"。1979 年 4 月 15 日，邓小平在会见李政道时，李政道介绍了"李政道学者"的选拔、学习等相关情况，得到了邓小平的充分肯定。

第二件事是邓小平赞赏李政道回国讲学，为国内科学界"补课"。1978 年底，中国科学院副院长钱三强致函李政道，希望他能在第二年年初来北京"短期工作"，向中国科学家讲授"粒子物理"和"统计力学"，帮助中国科学家了解世界高能物理的最新进展。1979 年 3 月，李政道应邀回国讲学，全国 60 多所大学和 30 多所科研院所的 500 多名科学家参加了李政道的授课，整个授课持续近两个月。这件事因时机特殊、各方高度重视、持续时间长、受众面广、讲学效果好等，所以影响非常大。4月15日，邓小平会见李政道时就给予了高度的评价："听说你的讲学很紧张，一天要忙十几个小时，顶得住吗？大家都反映你讲得很好，反响很强烈。不谈感谢了，你也不需要我们感谢。你做出的贡献很大。"邓小平的这番话无疑是对李政道的高度赞赏。

第三件事是邓小平力挺李政道倡议的著名的中美联合招考物理研究生项目（简称CUSPEA）。1979年春李政道回国讲课时发现，不少学生很有培养前途，于是他便萌发了选拔优秀学子赴美深造读研究生的想法。他向中国方面提出了自己的想法，得到了方毅、严济慈、钱三强等有关方面领导人的全力支持，遂成CUSPEA。关于CUSPEA的前因后果，在此不赘述。需要强调的是，CUSPEA启动时，并非一帆风顺。相反，海外华人和国内有关方面对该项目的实施有着不同的看法，甚至反对的声音还很强烈。正是在邓小平的支持下，CUSPEA才化险为夷。

事情的起因是，一位知名海外华人给中国领导人和有关方面写信，极力反对CUSPEA项目，认为这个项目"丧权辱国"，"比19世纪末20世纪初的半殖民地都不如"；国内的反对意见，一方面是担忧优秀人才的流失，另一方面是担心物理方面的留学人才太多容易造成将来国内学科发展的不平衡。由于内外两方面的不同声音，致使CUSPEA的相关工作停滞下来。面对有可

能夭折的 CUSPEA 项目，李政道立即回国做解释工作，他首先
向方毅、万里等主管科技和教育事业的领导人说明情况并得到
了他们的大力支持。但在 20 世纪 80 年代初，面对被扣上"丧
权辱国"大帽子的是非问题，最权威的评判者无疑是邓小平。
1981 年 12 月 25 日，邓小平再次会见李政道，在谈及 CUSPEA
时，邓小平说："这是件大好事，你们谈定了就行了，就照你们
谈定的办。"据叶铭汉院士回忆，面对有人提出的可能导致优秀
人才流失的担忧，"传说当时邓小平说过，就是只有 10% 回来
也很好嘛"。就这样，在邓小平的鼎力支持下，各方面统一了对
CUSPEA 的认识，使该项目得以顺利运行。事实证明，CUSPEA
非常成功，在项目运行的十年时间里，近千名中国学子赴美学
习，影响深远。

博士后制度与国家自然科学基金的创建

20 世纪 80 年代，对于中国而言是一个打破束缚、全面改革
的时代。邓小平这一中国改革开放的总设计师，借助于海外华人
的"外力"，推动了一系列改革尤其是科教领域的改革。比如，
他与李政道的交往，就直接推动了多项科教政策改革，中国博士
后制度的建立与国家自然科学基金会的成立就是典型代表。

推动中国博士后制度的创建，起因是为更好地使用 CUSPEA

项目学成回国的优秀留学生。1983年3月初，李政道给邓小平、方毅等领导人写信提出："近几年来国内派出留学生学科学的颇多，因出国时均皆年轻，得博士学位回来后恐怕需要一段时间使他们了解国内现状，亦使国内研究所了解他们的情况，这样才可充分发挥他们的力量。'科研流动站'可帮助解决一部分这类问题。"可见，李政道最初是建议在国内设立科研流动站，并没有明确提出设立博士后流动站的概念，不过从李政道建议的内容来看，其实就是博士后流动站的运作模式。3月9日，邓小平接见李政道，在谈到科技教育问题时邓小平对李政道说："你提的建立科研流动站的建议我已看到。我们也设想过很多方案，但没有那么具体。"这表明，邓小平对李政道的建议是认可的，而且中央高层也在考虑要在这方面推进改革。然而，囿于各种原因，设立科研流动站的动议并没有立即付诸实施，一年多的时间里并无进展，对此，1984年5月21日邓小平会见李政道时，李政道说："去年我已提出建流动站，方毅国务委员给我写信说已交科委办理，但今年来具体行动还没有。"

1984年5月16日，李政道再次向邓小平等领导人写信，明确提出在国内设立博士后流动站的建议，并详细陈述了设立博士后流动站的重要性和操作办法，认为要通过博士后流动站培养人才并造成人才流动，"这种人才是人才结构中必需的重要的一部分""建议在科技和教育制度改革的背景中，促成此事。"5月

21 日，邓小平接见李政道，在李政道再次提出要在中国国内培养博士后和建立博士后流动站的建议时，邓小平给予了明确的支持："博士后，对我来说，是新事物、新名词，我第一次听到。成千上万的人回来是很大的问题，我们现在对回来的人不晓得怎样使用。设立博士后流动站，是一个新的方法，这个方法很好。"邓小平还当场责成主管领导和有关部门尽快予以落实。就这样，在邓小平的支持下，由李政道倡议的博士后制度于 1985 年开始在国内实施。

在 1986 年之前，中国没有国家层面的自然科学基金，仅有 1982 年开始实施的中国科学院科学基金。然而，这个基金只面向中科院内部，并不面向全国，因而其缺陷是非常明显的。

李政道是国家自然科学基金的积极推动者，据他自己回忆，"出于促成全国自然科学基金制度的建立，在此后一年多的时间里，我便尽力收集了一些发达国家有关国家自然科学基金机构的资料，提供给科学院的领导者们参考研究，并且多次向中央领导提出了有关建议。记得在国家自然科学基金委成立前近一年的时候，在 1985 年 7 月 3 日和 7 月 12 日两次给小平先生的信中，我都提出了成立国家自然科学基金委的意见"。

1985 年 7 月 16 日，邓小平接见李政道，会谈中李政道再次提出，希望尽快建立国家自然科学基金委员会并由第一流科学家负责，为科学家从事科学研究提供经费保障，邓小平回应说：

"这是一个新方法，我们没有经验。但只要是新的事物，管它对不对，管它成功不成功，试验一下。"邓小平还当场指示有关部门给予落实。就这样，在邓小平的支持下，国家自然科学基金会得以成立，并于1986年初正式运行。

邓小平为什么那么重视李政道的建议？

邓小平与李政道的互动交流不拘形式，有单独接见、共同接见、书信交流、相关批示、现场交流等多种方式和途径。仅就面对面的会见而言，根据笔者的考证，从1974年到1989年，邓小平与李政道至少会见14次；1979年至1989年的11年间，邓小平年年会见李政道（1982年除外），有时一年还不止会见一次，1984年二人的会见更是达到三次之多。在海外华人中，能够如此频繁受到邓小平的接见与高规格礼遇，仅李政道一人！

20世纪80年代前后正值中国改革开放的肇始，如何改革？怎样开放？都是全新的伟大事业，需要中国人摸着石头过河。在从封闭走向开放的过程中，全新的伟大事业急需向全世界"借智"，而积极听取、吸收海外华人杰出科学家的意见和建议，推动相关领域的先行先试，不失为一种有效的办法和选择。邓小平之所以如此重视与李政道等海外华人交往交流，听取他们的意见和建议，正是时代呼唤的结果。

另一方面，李政道都是在他熟悉的科技和教育领域向邓小平建言献策，强烈的报国意愿、杰出科学家的远见卓识、丰富的科学实践经历、对世界科教事业发展的深刻把握，使得李政道能够针对中国的情况和国际发展趋势提出具有可行性和可操作性的意见和建议，因此效果非常好。实践证明，这些建议都是符合中国改革开放发展需要的，而这又反过来提升了李政道建言献策的分量，实现了良性循环。或许，这可以解释邓小平为什么如此频繁地接见李政道并高度重视他的意见和建议。

改革开放之初，由李政道先生倡议并推动的"中美联合招考物理研究生项目"（China-U.S. Physics Examination and Application，简称"CUSPEA"）引发强烈关注。CUSPEA 历经 10 年，先后有 915 名中国学子通过该项目赴美深造，对推动中国高等教育的发展做出了重要贡献。那么，CUSPEA 对中国大学物理教育的改革发展到底起到了怎样的作用呢？

李政道倡导的 CUSPEA 对中国大学物理教育的影响

从 1979 年到 1988 年，由诺贝尔奖获得者、著名美籍华裔物理学家李政道倡导、中国政府举办的"中美联合招考物理研究生项目"（China-U.S. Physics Examination and Application，以下简称"CUSPEA"），是改革开放初期的一项重大决策，在中国科技和教育史上具有深远影响，特别是对中国大学物理教育的影响，持续至今。

CUSPEA 是扇窗：暴露中国大学物理教育教学问题

除英语笔试之外，CUSPEA 只考物理课程，包括经典物理、近代物理、普通物理，试题水平与美国研究生入学考试的难度相当，有些考题的深度相当于美国研究生为取得攻读博士学位资格必须通过的资格考试的水平。CUSPEA 考试主要暴露出我国大学物理教育存在如下问题。

第一，在物理教育教学的方式方法上，中国课堂重视数学推演，而对原始的物理问题不够重视。CUSPEA 考试物理试卷批改组负责人、北京大学物理系主任赵凯华教授就此谈道："美国教授感觉到相当难的题，我们的学生答得相当不错，美国教授感觉到比较容易的题呢，我们的学生答得很糟，或比较糟，正好反过来。因为在这里头出的一些题目是我们传统的教学里边非常欠缺的一部分。我们比较重数学推演，而这个推演的过程里边，整个的物理图像不是太清楚，所以有一些学生在答题的时候，明明这个题目根据物理的图像可以很简单地给出答案来，可是他却用了长篇的数学推导。"赵凯华的话一针见血，戳中了我国大学物理"教"与"学"两方面的问题。

在为《我国赴美物理研究生考试历届试题集解》所写的序里，赵凯华更为明确地从"教"和"学"两个角度指出："我国学生往往有个习惯，喜欢用系统的理论工具去处理问题，尽管有的问题本可以通过简单的物理思考就能得出结论。这是否与我们平时教学中的训练方法有关？""在我们的教学中，同一问题，既可以把原始的物理问题提给学生，也可以由教师把物理问题分解或抽象成一定的数学模型后再提交给学生。习惯于解后一类问题的学生，在遇到前一类问题时，往往不知所措。"

第二，在物理教育教学的内容上，中国课堂缺乏联系物理学的最新进展，对物理学发展前沿的关注很不够。从 CUSPEA 考题来看，美国教授出题有个特点，就是每年考题都有若干那一年或前几年物理学进展的前沿问题。从答题来看，"我们的学生最大的困难就是这个题目的背景不知道。这一两年国际上的物理前沿上面究竟发生了什么重大的事情，几乎不知道，所以在解这些题目的时候就发生很大的困难。"原因在哪里呢？主要还是出在教学上，"我们的学生从课堂上或课后念书本就没听到、没见到过，因为老师从来不讲，好像跟我们本科的课程没有什么关系。"教育教学上的这个问题，就造成"我们的学生的知识面比较窄，除了课本上，或者我们课程大纲所要求的那些内容之外，几乎其他方面有联系的，或者是有直接或者间接联系的内容几乎不知道。"

第三，在物理教育教学思想、课程设计与整体安排上，中国课堂重视理论教学而轻视物理实验。从参加 CUSPEA 考试的学生反映和答题情况来看，中国学生最怕实验题目。这主要是因为，"我们的实验训练是比较弱的，因此对国际上、历史上非常重大的，包括得诺贝尔奖的重大的物理实验，知识就很少。哪个实验怎么做的，哪个实验里边有很好的思想，都不太知道，也不注意这些事情。"不仅如此，我国学生"对一些重要的常见实验也不很熟悉。"究其原因，"这里有教学上需要加强的地方，也有一些学生甚至教师存在着重理论轻实验的倾向，需要认真克服。"

　　大学物理教育教学上的这些问题，还反映在通过 CUSPEA 考试正在美国攻读博士学位的研究生的适应性和后劲上。据复旦大学教授周没我在美国的实地调研，CUSPEA 学生普遍认为，我国研究生与美国研究生相比，考试分数往往我国研究生高，但若要在科研上有较大的成绩，有所创造发明，我国研究生还有不少方面不如美国的研究生。"第一，学术交流、学术活动能力差，有的人不善于甚至不喜欢与人交往，常常埋头读书，这样学术思想就不易活跃，长远来讲，是会影响出成果的；第二，遇到困难，勇往直前的拼搏精神不够，缺少克服困难解决问题的办法，不太适应竞争环境，这样也会影响出成果；第三，写学术论文、做学术报告、答辩等方面的能力不够。有时实验工作很出色，但总结、分析、归纳、答辩等能力欠佳。"

CUSPEA 是契机：推动中国大学物理教育教学改革

　　20 世纪 80 年代，正值改革开放的起步阶段，各领域改革热情迸发，高等教育教学改革就走在了教育改革的前列。就物理教育而言，面对 CUSPEA 考试暴露出的诸多问题，各高校尤其是重点大学，纷纷加大物理教育教学改革力度，提高教学水平。现以中国科学技术大学、兰州大学为例做简要介绍。

在 CUSPEA 考试中，中国科技大学表现最为突出，可谓一枝独秀，把北大、清华都甩在后面。中科大"每年约有 20—30 余位学生被录取，而且前十名中总要占有五到六个席位"，中科大的学生一路领先。究其原因，就在于中科大对 CUSPEA 的高度重视与有效投入上。"中国科技大学把 CUSPEA 看作是立足国内，走向世界的渠道之一，是总结自己经验，吸取外国长处，提高物理教学水平，培养有国际竞争能力的高水平大学生的一个契机。"具体的措施，就是组织举办了"科大物理辅导班"，其实就是 CUSPEA 辅导班。

中科大 CUSPEA 辅导班的生源由物理学科高年级学生组成，目的是通过强化训练，使学生的物理水平在短期内得到显著提高。在中科大的高度重视下，CUSPEA 辅导班有严密的组织管理，由有丰富教学经验和较高科研水平的教师担任主讲，他们改进教学方法，改革教材内容，广泛吸收国内外一流大学的先进经验，总结出了理科高年级物理强化教学的一整套经验，对于科大的发展，产生了广泛深远的影响。

首先，中科大 CUSPEA 辅导班大大提高了科大的物理教学水平，并促进了其他学科的教学改革。"参加物理辅导班的教师把辅导班里积累的教学方法、内容等带回各个物理课堂，大大提高了学校的正常物理教学水平。而其他学科也从 CUSPEA 中得到刺激和启发，促进了改革。一石激起千层浪，CUSPEA 促进了科大教育质量的全面提高。"其次，通过 CUSPEA 辅导班的探索，积累了如何强化理科大学高年级物理教学的整套经验。此外，培养一大批杰出的物理人才当然是最为显著的成绩。目前，CUSPEA 中科大毕业生在国际物理学界发挥着重要影响。

中科大 CUSPEA 辅导班的经验还扩散到全国，许多高校都纷纷慕名而来，到中科大考察调研，向中科大学习，搞 CUSPEA 辅导班，并在此基础上进行教育教学改革。比如，北京大学负责 CUSPEA 培训班的老师就曾到中科大做调研，学习中科大的经验。正因为中科大 CUSPEA 辅导班的成功及其带动效应，"科大 CUSPEA 辅导班"获得了安徽省省级优秀教学成果奖一等奖。

兰州大学是另一所借 CUSPEA 推动物理教育教学改革并取得显著成效的重点高校。在 1980 年首届 CUSPEA 考试中，兰州大学物理系学生胡青的物理科目考试总分位列全国第一，引起了国内外普遍关注，"兰州大学也因此名声大震"。兰州大学学生之所以在 CUSPEA 考试中能有优异的表现，与该校的重视以及大学物理教学名师钱伯初教授密切相关。

与中科大一样，兰州大学也成立了专门的 CUSPEA 辅导班，以讲授量子力学而闻名兰大的钱伯初教授是辅导班主讲教师之一。据介绍，"在指导期间，钱伯初曾先后于 1980 年、1981 年两年担任班主任并对考生讲课 400 多学时。他广泛地收集到了包括美国哥伦比亚大学在内的多所国外大学的习题，经过'加工'

让它变成适合国内学生自己的东西。正是钱伯初的这一创举，让兰州大学在考试中获得很大的成功"。兰大的 CUSPEA 经验，特别是钱伯初在辅导班独创的量子力学课程讲座随后也传播到了全国各大重点高校。据钱伯初回忆，"在 CUSPEA 的带动下，国内许多重点大学邀请笔者去做量子力学方面的短期讲学（一般是一个月左右）。从吉林大学到武汉大学、厦门大学，讲学旅程几乎遍及全国，兰大的量子力学课程建设经验，笔者的许多教学研究成果，许多独创性的讲法，迅速交流到兄弟院校，为提高我国的量子力学教学水平做出了贡献。"在应邀赴全国讲课的同时，钱伯初还与北大的曾谨言教授合作编写了《量子力学习题精选与剖析》一书，1988 年由科学出版社出版后，在全国备受欢迎。兰州大学以 CUSPEA 为突破口，推动物理教学改革并取得显著成效，得到了教育主管部门的充分认可，钱伯初领衔的"量子力学教学研究及教材建设"获得 1989 年首届国家级教学成果奖。

CUSPEA 的知识遗产：促进中国大学物理教材建设

20 世纪 80 年代初，我国大学物理教材的发展比较滞后，不仅教材内容大大滞后于物理科学的发展，而且在教材结构与风格、教育教学法等诸多方面都有很深的苏联教材模式的烙印，大学物理教材亟须改革突破。在此背景下，CUSPEA 考试成为中国大学物理教材改革的触发点和突破口。

在 CUSPEA 考试的十年里，在教材改革与建设上，中国科学技术大学取得的成就最大。中科大 CUSPEA 辅导班的教师先后编写了三套系列教材，最先形成《美国物理试题与解答》（七卷），然后在此基础上形成了《高等物理精编》（五卷），最后是将这些成果应用于大学物理教学形成《普通物理》、《理论物理》。

以尹鸿钧教授为代表的 CUSPEA 辅导班教学组，从一开始就系统地搜集了大量美国及其他西方国家大学物理教育教学方面的材料，研究了他们的教学计划、教学方法、课程设置、教材教学法、试题安排等，并在此基础上重点分析研究了美国主要院校的研究生入学试题，汇集成册，从 1986 年起在中国科学技术大学出版社陆续出版了七卷本的《美国物理试题与解答》。这套丛书不仅成为当时报考 CUSPEA 学生的必读书，而且在之后我国大学物理教育教学中都有较大影响，成为我国大学物理教材建设的重要素材来源。

在上述扎实工作的基础上，中科大物理学科进一步开展了大学本科物理教材的改革，重新编写教材。他们的做法是，先集中钻研了美国及其他西方国家的流行教材，结合自己的实际，编写了新的讲义。新讲义并不首先在正常课堂上使用，而是"首先在辅导班中使用，通过对使用结果的分析，又促进教材的更新修订，一位教师写了新教材，其他教师加以补充、发展，就这样，一届 CUSPEA 辅导班促进一次教材的更新和完善，十届 CUSPEA 辅导班，培育出一整套新型物理教材，它就是尹鸿钧教授主编的《高等物理精编》丛书"。该丛书一经出版，就受到我国物理教育界的高度评价，被誉为是"大学物理教材改革的成功之作"，为我国大学物理教育的改革发展，做出了特殊贡献。

作为 20 世纪 80 年代我国大学物理教材改革建设的重要成果，中科大《美国物理试题与解答》与《高等物理精编》广受欢迎，讲授大学物理的一线教师认为，这两套丛书"所体现的美国大学物理学的风格是重视物理、重视新颖、重视综合，这和苏联大学物理教学重视基础、重视基本功的训练、重视演绎的风格颇不相同。我们认为，这两套丛书中的许多材料是值得吸收进普通物理教材中去的。"

北京大学的赵凯华教授也因为受 CUSPEA 考题的启发而编写《定性与半定量物理学》，并在国内大学物理教学界产生了很大影响。CUSPEA 每年的考题，都有一些所谓的定性的或者半定量的问题，需要做一些数量级的估计，而我国考生碰到这样的题目往往束手无策，因为从来没有见过。赵凯华敏锐地发现了这一问题，并有针对性地去加以研究解决。据他回忆，"当时我在北大从 1986 年到 1989 年开了一个选修课，叫作'定性与半定量物理学'，也就是 CUSPEA 这一方面的考题，以及我自己再搜集一下这一类的问题，给学生做一个选修课"。赵凯华还将这门选修课的内容在《大学物理》杂志上连载发表，从 1988 年 10 月起到 1990 年 12 月，共刊出 27 期，非常受欢迎。随后又结集成书，定名为《定性与半定量物理学》，于 1991 年出版。这部教材"对我国的教学改革功不可没，使我国物理教学改变了比较单一而古板的模式，逐渐融入当代国际的先进教学模式中"。

有了《定性与半定量物理学》的成功基础和经验，赵凯华还决定向普通大学物理教材延伸，编写《新概念物理教程》。赵凯华说，《定性与半定量物理学》实际上是"后来编写《新概念物理教程》的思想和素材的基础。当时我编这本书只是为了给一些学生做选修课，后来觉得是不是我们有很多问题，不仅仅是开一个选修课的问题，应该在我们正规的课程里边，应该把这样的一些精神容纳到我们的教材里边，所以需要编一套新的教材，思想应该是《定性与半定量物理学》以及当时有关的一些感触而引起的。"《新概念物理教程》（5 卷本）由高等教育出版社出版，从 1995 年到 2004 年，历时十年出齐，被全国诸多高校广泛采用，至今仍是我国大学物理教学的主力教材之一。

CUSPEA 历史的经验与启示

CUSPEA 是改革开放之初特殊历史时期的产物，为推动我国科技和教育事业的发展，做出了独特的贡献。CUSPEA 在特定的历史时期契合了我国大学物理亟待改革的强烈现实需求，使我国大学物理教学有机会与国际先进水平直接对话，暴露了我国大学物理教学中存在的问题，促进了我国大学物理教育工作者的思考与行动，加快了我国大学物理教育教学的改革步伐。就此而论，CUSPEA 不仅在中国大学物理教育发展史上具有特殊价值，至今仍具有强烈的启发意义。

重视国际交流、善于在国际比较中促进我国大学教育教学改革尤其是理工科教育教学改革，是 CUSPEA 留下的一条基本经验。只有在国际交流与比较中，才能更加清晰地看到我们的优势在哪里、存在的问题有多少、差距有多大，进而才能对自我有比较清醒的认识和定位，结合我国实际积极借鉴吸收国际先进理念、经验和做法，教育教学改革才会更有针对性并取得实效。

系统推进教育教学改革，是在 CUSPEA 实施的十年中，我国教育工作者摸索总结出来的另外一条基本经验。教育教学是一项系统工作，既涉及学生，又涉及教师；既涉及教材，又涉及教法；既涉及教育教学过程，又涉及结果的评价；既涉及基本制度安排，又涉及时代的进一步发展；既涉及国际一般趋势，又涉及我国特殊国情。这些若干方面，忽略其中的任何一个，教育教学都会有缺憾，效果都会打折扣。因此，教育教学改革需要顶层设计、系统谋划、整体推进、深入实施、注重反馈，唯有如此，才会达到更为理想的效果。

自 20 世纪 70 年代以来，杨振宁先生因经常回国，并就科技、教育等领域改革发展的诸多问题向中国高层建言献策，向社会公众发表个人看法，故而引起国人的广泛关注。在此过程中，褒贬与争议也随之产生。21 世纪之初，杨振宁回国定居，国人对他的言论更为关注。比如，本世纪初，在国人对中国教育制度的一片讨伐声中，杨振宁却"不识时务"地肯定中国教育制度与教育教学方法，就遭到了炮轰。甚至有人抨击说，杨振宁老了回国只会"歌功颂德"。真的是这样吗？回答是否定的！

杨振宁肯定中国教育成绩就是"歌功颂德"吗？

自 20 世纪 80 年代以来，随着改革开放的逐步深入，人们在越来越多的国际交流交往中，逐渐认识到中国教育体制、教育思想、教育教学方法存在的问题和不足，由此引发的对中国教育制度的讨论和反思持续至今。

杨振宁认为中国大学本科教育很成功

在这一过程中，海外知名华裔学者的加入，让这种讨论更加引人关注。无需讳言，大多数知名学者对中国教育状况的批评大大多于肯定，这其中影响较大的要数华裔国际著名数学家丘成桐先生。丘成桐先生对中国教育体制的僵化、中国教育对学生创造力的扼杀等进行了毫不留情的批评，引起了不少国人的共鸣。笔者通过检索上海交通大学图书馆馆藏的多个电子文献数据库后发现，丘成桐先生关于批评中国教育的文章被我国学术杂志、通俗杂志、各类报纸等大量刊载，并且被引用量也极为惊人。教育无小事，关系到我们每一个人。因此可以说，这个现象从一个侧面反映了改革开放背景下公众对中国教育现状的不满和焦虑。

出人意料的是，杨振宁却一直很少批评中国教育制度。笔者翻阅自 20 世纪 90 年代以来公开出版的杨振宁的各类文集后发现，除了在比较中美教育之差别时，杨振宁会深刻指出中国教育教学存在的问题和不足之外，杨振宁总体上对中国教育的肯定大于批评，和以丘成桐先生为代表的批评派正好相反。考证杨振宁的教育思想那将是一篇学术论文的工作，本文在此仅以一例影响较大的事件为线索，来说明杨振宁先生对中国教育的观点和看法。

2005 年 8 月 14 日，计划出席在乌鲁木齐举行的"中国科协2005 年学术年会"的杨振宁，应邀出席那次会议的新闻发布会。那时的杨振宁正是媒体和公众关注的焦点人物，因为 82 岁的他刚刚在此前不久的 2004 年 12 月 24 日和 28 岁的翁帆登记结婚，而且新婚妻子翁帆也随同参加了此会。就是在这个新闻发布会上，杨振宁再次发表了对中国教育状况的看法，随后在网上遭到了炮轰。

为避免曲解，尽量使消息源可靠，笔者特在此征引新华网的新闻报道。新华网的报道原文如下：

　　新华网乌鲁木齐 2005 年 8 月 14 日电（记者贺占军、曹志恒）中国大学教育在世界上非常成功，还是非常不成功？世界著名物理学大师、诺贝尔物理奖获得者杨振宁 14 日在乌鲁木齐表示中国大学办得很成功。

　　计划出席 20 日在乌鲁木齐举行的"中国科协 2005 年学术年会"的杨振宁 14 日在此间召开的新闻发布会上说，目前全世界对大学的责任看法已达成共识，即大学有教育年轻人、做尖端研究、为社会服务三项重任。要判断中国某所大学在世界上的地位，必须将这三点考虑其中。

　　"从教育年轻人的角度讲，中国大学的本科教育非常成功。"杨振宁说，2004 年他曾在清华大学为大一学生上过一学期物理课，此前他曾在美国教过两次大一物理。相比之下，中国大一学生比美国大一学生基础更扎实、学习更专注、更努力。这是因为中国大学生在中学时代训练题目做得好，而且学习注意力很集中；相反美国学生则有很大差距，他们在大一时候对未来的设想很模糊。杨振宁举例说，当问起何为"正弦、余弦"时，美国学生与中国学生都会回答；但问及何为"三角方程式"时，中国学生会脱口而出，而美国学生则不知所云。这说明中国对学生的中学时代基础教育是成功的。

　　杨振宁分析，中国大学对社会的贡献非常大，大学造就出来的人才对社会的贡献人们时刻都能感觉到，这一点不容置疑。但他同时坦言，在研究领域中国大学与世界大学有很大差距，主要因为中国经济发展起步较晚，而这不是一两年可以解决的问题，还需要做很多努力。

　　尽管有一些专家学者曾对杨振宁"中国大学办得很成功"的观点提出反驳，但他表示将继续坚持这一论断，因为这是亲身体会让他作出的判断。

　　或许是杨振宁迎娶翁帆给许多人带来的强烈心理震撼还未消散，杨振宁此番言论一出，立即在网上引起轩然大波，口诛笔伐者甚众，用杨振宁自己的话说，"网上很多人狠狠地批评了我。而且说，丘成桐教授对于中国大学的评价与我的意见相反，又说网上 82% 的人赞成丘成桐，只有 2% 的人赞成我的看法。"

不能盲目迷信美国

　　迫于舆论压力，杨振宁回京后做了一个演讲，对自己的言论做了较为深入的回应，后以《中国文化与近代科学》为题，于当年 12 月 21 日发表在《光明日报》上。在这篇文章里，杨振宁观点鲜明地回应了质疑，阐明了自己关于中国教育问题的基本思考。分析这篇文章，杨振宁至少表达了以下几层意思：

首先，从大学对国家建设的贡献角度来看，50多年来中国的大学培养了几代毕业生，他们对国家的贡献是无法估价的巨大。没有50多年来中国大学毕业生的贡献，今天的中国不可能是目前所达到的状况。杨振宁更进一步认为，中国最好的大学对中国的贡献，比哈佛今天对美国的贡献大；中国二流的大学对中国的贡献，也比美国二流的大学对美国的贡献大。这是历史发展的结果，起源于正在发展中的国家与已发展的国家社会需要的不同，是不争的事实。虽然对这事实中国办教育的人不可引以自满，但是也不应忘记。

其次，从中国大学生的水平来看，中国大学生的平均水平并不低，而且中国最急需的就是大多数学生能够达到较好水平而成才，为社会做出贡献。杨振宁说，自己2004年在清华大学教了一学期的大一物理。在80年代、90年代也曾在美国教过两年的大一物理。对比中美学生，得到两个极深的印象：① 中国学生在中学习题做得多。远比美国学生根基扎实。② 中国的大一学生比美国大一学生成熟多了。能集中注意力，能努力学习。所以他认为清华的本科生平均比哈佛的本科生好。"听说复旦前校长杨福家不赞成我的这个说法。不过我想他心目中的学生是哈佛的后来有大成就的学生，而我心目中的是哈佛的平均学生。"那么大学教育应该注重平均学生呢，还是应该注重特殊学生？两者当然都要注重，但是在一个急速发展的国家，像中国，对平均学生的训练比在一个发达国家，像美国，更为重要：在中国，最需要的是大多数大学生能够成才，能够为社会做出贡献。在美国，一个发达国家，最需要的是十分杰出的年轻人，能够通过新的途径创造知识与财富。

再次，从中美两国教育之比较来看，各有优劣，不能一概否定中国而盲目迷信美国。杨振宁认为，美国的教育哲学对于年轻人采取的是放任政策。讲得不好，是让他们随波逐流。这种教育哲学的好处是给有特殊天资才干的人以极大的创新空间。可是这个教育哲学有一个阴暗面，是国内很多人不知道或者不注意的。这就是美国的教育哲学浪费了许多人才，造成了许多悲剧。一般来讲，对于多数学生，90分以下的学生，中国的教育哲学比较好，能够训导他们成才，少走弯路，增加他们的自信心和安全感。而这些成才的大学毕业生正是今天中国社会所急需的人才。至于90分以上的学生，他们常常不大需要训导。对于这些学生，美国的教育哲学一般比较好，能够让他们有更多空间发展他们的才能。如何保持中国教育哲学的优点，同时引进美国教育哲学对优秀学生的长处应是全国教育界亟须关注的问题。

最后，从研究生培养和科学研究的角度，中国大学确实比先进国家的大学落后许多。杨振宁认为，清华、北大的研究生成绩比哈佛还差得很远。这是全国都十分关注的问题。国内科技研究成果之所以仍然跟不上先进国家，有多种原因。科研工作者需要长期稳定的生活环境，最好能长期不受干扰，不必整天写研究项目申请书，不必因为住所拥挤而夫妻经常吵架，不必为孩子的读书困扰等等，可以专心做研究，这样积累起几年的思考和探索才容易有成就。在国家还未能给许多科研工作者安排长期稳定的生活环境的时候，责备他们工作成果不理想是不公平的，忽视中国大学在本科生教育的成功是不恰当的，对中国科研发展前途抱悲观的看法是不明智的。

英雄所见略同：钱颖一的"均值"与"方差"论

应当说，杨振宁的观点并非主观臆断，亦非赞美之词，所论比较持中。其实，持类似观点的，在海外知名学者中，并非杨振宁一人。比如，就有另外一位颇有影响的华人学者，用经济学的语言表述了杨振宁的上述观点。碰巧的是，此人不仅是长期任教于美国著名大学的华裔学者，而且也于21世纪之初回国任教于清华大学。他就是长期担任清华大学经济与管理学院院长的钱颖一教授。

2014年12月14日（恰好是杨振宁的观点发表整整十年后），在中国教育三十人论坛首届年会上，钱颖一发表了题为《中国教育问题中的"均值"与"方差"》的著名演讲。在谈到中国教育的成绩时，钱颖一说：

> 我们不能完全否定中国教育的成绩。因为中国过去35年经济高速增长，如果教育完全失败，这是不可能的。不过，肯定成绩是容易的，但是肯定到点子上并不容易。我的第一个观察是，中国教育在大规模的基础知识和技能传授上很有效，使得中国学生在这方面的平均水平比较高。用统计学的语言，叫作"均值"（mean）较高，意思是"平均水平"较高。我是指在同一年龄段、同一学习阶段横向比较而言，包括小学、中学和大学。这是中国教育的重要优势，是其他发展中国家，甚至一些发达国家都望尘莫及的。

钱颖一教授接着在演讲中指出了中国教育存在的问题：

> 我的第二个观察是，与"均值"高同时出现的另一个现象是"方差"（variance）小。"方差"也是统计学的概念。"均值"是衡量一个随机变量的平均数，而"方差"则是衡量一个随机变量偏离平均值的分散程度。简单地说，"方差"小就是两端的人少，出众的人少，"杰出的人"少，"拔尖创新人才"少。……杰出人才是"培养"出来的吗？也

许不是。杰出人才很可能是在一种有利的环境中"冒"出来的。所以创造环境，或者说"培育"，远比"培养"更重要。……人才的"均值"高和"方差"小的特点，既能解释中国过去三十年经济发展的成就，又能预示未来经济发展"新常态"中可能出现的问题。

笔者在读到钱颖一教授的这篇文章时，立即就想到了杨振宁在十年前的类似观点，他们二人的观点如出一辙，真可谓英雄所见略同。

2007 年 11 月初，新加坡南洋理工大学为庆祝杨振宁 85 岁生日而举行国际物理学研讨会，出席会议的杨振宁接受了新加坡《联合早报》的专访，再次明确表达了自己的观点。在这个访谈中，杨振宁还就被人攻击"只会歌功颂德"的问题进行了公开回应，并就如何理性看待中国发展中存在的各种问题发表了自己的观点。笔者认为，杨振宁的回答是理性的，值得反复咀嚼。

在谈到网络上的抨击时，杨振宁说：

很多人在网上抨击我，说我只会"歌功颂德"。"歌功颂德"之所以听来是一个贬义词，是因为很多人这样做，是为了要提高自己在当局的地位。我觉得我没有必要再提高我的地位，我的地位已经够高了。

在谈到中国的快速发展中面临的诸多问题时，杨振宁说：

中国要想在三五十年内创造一个西方人四五百年才创造出来的社会，时间要缩短十倍，是不可能不出现问题的。所以客观来说，中国现在的成就已经是很了不起了。

2017 年 2 月 21 日，杨振宁放弃美国国籍、转为中国科学院院士的消息引起了人们的热议。其实，在 20 世纪 70 年代，杨振宁还是第一个回国访问的美籍华人，这一点却鲜为人知。考察这段尘封的历史，也许有助于我们理解今天杨振宁为何放弃美国国籍回归祖国。

杨振宁率先回到中国的历史与现实

20 世纪 50 年代，伴随着新中国的成立，滞留海外的一大批学有所成的科学家回到中国，参加到新中国的建设之中。在这一波回国大潮中，杨振宁没有回国。1964 年 3 月 23 日，杨振宁加入美国籍。"这是一个痛苦的决定。"他曾经在 1983 年出版的一本书中谈及此事，说父亲到临终都没原谅自己放弃中国国籍。

"乒乓外交"打破中美坚冰

囿于国内政治环境的重大变化，50 年代之后海外华人的回国基本趋于停滞。然而，就在 20 世纪 70 年代初，杨振宁率先回国，为中美关系的破冰，为海外华人消除疑虑，做出了历史性的贡献。

杨振宁的破冰之旅，还要从著名的"乒乓外交"说起。在1971年之前，由于众所周知的原因，中美两国处于对峙状态，这不仅不利于中国的发展，而且长期的对峙显然也不符合美国的国家利益，寻找打破僵局的突破口就成为当时两国领导人的战略议题。1971年3月28日，第31届世界乒乓球锦标赛在日本名古屋举行。中国政府在周恩来的亲自关心下，决定派代表团参加，用意是借这次参赛作为恢复"文化大革命"以来遭到破坏的对外关系。正如中方所料，比赛期间，参赛的美国乒乓球队主动与中国队接触，表示愿意访华，中国乒乓球队迅速将此情况报告给了国内，经毛泽东批准，4月7日，中国方面正式向美国乒乓球队发出了访华邀请。这便是著名的"乒乓外交"。

"乒乓外交"非常成功，就在周恩来接见美国乒乓球代表团的4月14日，美国总统尼克松宣布结束20多年来对中美两国贸易的禁令，放宽对新中国的货币和航运管制。杨振宁正是抓住了中美关系解冻的历史性机会，率先实现了回国探亲的愿望。

1971年4月的一天，杨振宁忽然从美国报纸的一个很不显眼的地方，看到美国政府发布的一个通告，美国公民护照上原来印有美国公民不可随便去的共产主义国家，包括越南、古巴、中国和朝鲜，而这个通告把中国从这个名单中取了下来。杨振宁立即认识到这个通告的重大政治含义，他决定抓住这个机会，迅速实现回到中国的愿望——此时他的父亲、著名数学教育家杨武之正犯重病住院。杨振宁后来回忆说："为什么我着急要去？因为我看得出来，两个国家根据当时的国际情势，是在试探是否可以有些有用的接触。当时越南战争还没有结束。我很怕这刚刚打开一道小缝的门在几个月之内又会再关闭起来。而我个人很想回到我26年没有看到过的祖国去看看，跟我的老师、朋友和亲戚们见面。""因为国际的变化是千变万化，很容易一个打开的门又关起来了，所以我就赶快回来了。"

然而，在当时中美政府高层尚未接触的情况下，像杨振宁这样有着重要影响的国际著名科学家，要回到中国谈何容易！杨振宁后来回忆说："1971年我要想回中国的时候，很多在美国的朋友，中国人、非中国人，都跟我说你这回去非常危险，中国可能把你扣住。我说不会，因为在1957年、1960年、1962年、1964年我跟我父亲、母亲、弟弟、妹妹，在日内瓦、在香港团聚过好几次。通过这些团聚，我当然对于新中国有一些认识。"

杨振宁率先回国受到高规格礼遇

杨振宁彼时任教于纽约州立大学石溪分校，他将自己的想法告诉了托尔校长并得到了支持。在得到各方支持的情况下，杨振宁正式通知美国政府，说他要回国探亲。美国政府是通过白宫科学顾问回答他的："同意杨振宁到中国去探亲，但不能帮助他拿到签证。"对此，杨振宁回忆说："美国政府的回答是由美国白宫里的科学顾问告诉我的，他们说很欢迎我回去，为什么呢？因为那时美国跟中国想要接近，他们觉得像我这样的人到中国，对于促进中国和美国的交流有好处，所以他们说欢迎，不过他们说不能帮我拿到签证，我说这不成问题，我可以自己去弄。"

杨振宁办事恰如他做学问一样，缜密细致。他在通知美国政府之前，已经给父亲杨武之写了一封信，说自己打算回国探亲。杨武之将此事上报，受到了中国政府的重视。国务院通知杨武之，欢迎杨振宁回国探亲，并请他到加拿大或法国的中国大使馆去办理签证。

1971年7月15日，杨振宁由纽约飞到巴黎，顺利地拿到了赴中国的签证。7月19日，杨振宁登上了飞往上海的飞机，踏上了26年来（杨振宁于1945年赴美）来的首次返国之旅。杨振宁在后来的回忆录里写道："1971年夏天我回到了阔别26年的祖国。那天乘法航自缅甸东飞，进入云南上空时，驾驶员说：'我们已进入中国领空！'当时我激动的心情是无法描述的。"

杨振宁第一次回国访问，一直到8月17日才离开，差不多有一个月的时间。他的日程被安排得满满的。在上海期间，杨振宁除了陪侍重病住院的父亲，也抽出时间访问了复旦大学、中科院生物化学所等，还回了他的出生地合肥。在北京，他访问了北京大学、清华大学、中科院原子能所等，还见到了青少年时代的好友邓稼先、西南联大时的同窗黄昆，拜访了他的老师吴有训、周培源、王竹溪、张文裕等，还第一次见到了自己的岳父杜聿明先生。

7月28日，周恩来总理在人民大会堂会见了杨振宁并设宴款待。整个会见前后近五个小时，在中美关系尚未解冻的大背景下，周恩来想多了解一些美国的情况，因此交谈话题几乎不涉及科学，"周恩来想多了解美国的情况，于是询问了学生运动、大学改革、黑人运动、失业和选举相关的政治气氛以及美国对日本的态度等问题"。

在那个特殊年代，中国科学家被戴上"臭老九"的帽子而被打倒，处境艰难。而中国政府却高规格礼遇杨振宁，自然会引起中国科学家的心理失衡甚至抱怨。比如，据竺可桢的日记记载，著名科学家葛庭燧就向吴有训抱怨，对周总理隆重接待杨振宁极为不满。而吴有训又将此事讲给竺可桢，而竺可桢也认为"这次事情的确和我们的原则立场有点问题"，由此可见，吴有训、竺可桢对中国政府高规格礼遇杨振宁也是有看法了，可以说，这代表了当时相当一部分中国科学家的心声。竺可桢日记的记载全文如下：

至吴老处，谈葛庭燧近来到他处，反映对报载杨振宁回国，周总理隆重招待极为不满意。葛本人因为与清华物理系毕业生熊大缜相识。据说熊大缜由叶企孙介绍至冀东伪政权殷汝耕处任了重要职位，以后又与陈立夫兄弟 C.C. 派有联系，因此叶企孙被捕受监禁逾年，而葛庭燧也大受打击，被隔离若干月之久。而杨振宁背离祖国已入美国籍，反受如此重视，认为极不公平。这事和赵忠尧相比也可更清楚，赵忠尧为了爱祖国而回来，却至今没有解放。所以老年知识分子看了杨振宁被招待会有反感。而年轻的人因过去批判老年旧知识分子极为猛烈，而如今政府如此招待一位入外籍的专家，也一样地有反感。

竺可桢在日记里也谈到了自己对此事的理解，很能反映那时知识分子对有关政策的理解与矛盾心理。他说：

> 这次事情的确和我们的原则立场有点问题。因为美国资产阶级看问题与我们不同，杨振宁被美国重视，无非因为他得了诺贝尔奖金和他物理学上、理论上知识，但对于实用上有何好处谁也说不上来。我们何必要跟资产阶级一样来捧他。即使瑞典给我们发现胰岛素结晶的人以诺贝尔奖金，我们是否接受还可以考虑的。因为诺贝尔是一个军火商人，他的奖金又有什么可贵呢？当然政治第一，我们也可这样想法。刘文辉是四川最大地主，家中六兄弟共有三十六万亩田

地，他的哥哥倚他军阀的势力在大邑无恶不作，设水牢、干牢，收租院就是在他宅内建立起来的。解放时刘文采一吓而死，但他的弟弟却做了林业部部长、政协常委，这不是很奇怪么？也就是给台湾人看，只要能立点功，政府是不计较的。

杨振宁破冰之旅的深远影响

杨振宁回到美国后，曾先后多次公开发表演讲，介绍新中国的建设成就，为推动中美两国之间的了解和交流做出了贡献。当年 8 月他在康奈尔大学的物理会议上、9 月在他任教的纽约州立大学，他都对中国之行做了介绍，正面评价新中国的建设成就，这些演讲都十分轰动。据杨振宁回忆，"第一个演讲是在 1971 年 9 月，在纽约州立大学石溪分校，就是我所在的学校，那一天完全爆满，因为当时美国对于中国是非常感兴趣而又没有知识。那个演讲也是我一生里头感情非常丰富的一个演讲"。

此外，1971 年 11 月份，美国《今日物理》杂志编辑采访了杨振宁，在这次采访中，杨振宁介绍了中国科学的发展情况。后来这次采访以《对中华人民共和国的物理的印象》为题发表在《今日物理》上。杨振宁还利用各种机会，不只是在美国，还在欧洲、南美洲、亚洲其他国家演讲，不失时机地介绍新中国的情况，促进各国与中国的沟通。

　　杨振宁的破冰之旅更是在华人圈里引起了轰动和积极的反响。在杨振宁之后，大批华裔学者逐渐消除了顾虑，纷纷申请回国探亲、访问、旅游。这其中，最有名的是以林家翘为团长，包括任之恭、何炳棣在内的 20 多名华裔著名学者访问团来到中国，受到毛泽东和周恩来的接见。林家翘后来在接受记者访问时表示，他们都是受了杨振宁回国的启示和鼓舞，才决定到新中国去的。

　　1971 年的破冰之旅对杨振宁影响比较大，他曾说："那次我想也是我人生，现在 80 多年的经历里头，一个非常重要的转折点。"关于杨振宁 1971 年的破冰之旅的意义，诸多著名人士曾给予过高度评价。美籍华裔物理学家聂华桐说："1971 年，中美关系稍有松动，他马上就决定回中国看一看。回到美国以后，他对中国的情形作了很多报告，由于他的名望和地位，他的作风和为人，他的演讲和报道在美国社会起了很大的作用。在当时中美关系还没有解冻的情况下，他这样做是担了相当大的风险的，但他认为正面报道中国在各方面的许多发展是他的义务。由于他在学术上的地位，他经常到欧洲、南美洲、东南亚、日本等地去讲学或访问，大家往往都要求他作关于中国情况的报告，他在这些地方的报告，尤其对当地的华侨产生了很大的影响，许多美国人，尤其是科学家对中国持友好的态度，愿意同中国亲近，杨先生的功劳是非常大的。"

原美国国务院亚太事务助理国务卿 James Ulley 在 20 世纪 80 年代说："诺贝尔物理学奖得主杨振宁博士当年到中国大陆，对中国的现代化有促进作用，而美国目前的政策也是支持及愿意协助中国进行现代化的，杨振宁可说是首开其端。"

我国著名科学家周培源先生也说："杨振宁是美籍华裔科学家访问中国的第一人，也是架设起中美之间科学家友谊和交流桥梁的第一人。光是这方面的贡献，杨振宁的成就就是无人能及的。"

2004 年 11 月初，杨振宁获得了在华永久居留证。有人问他为什么要拿这张中国绿卡？杨振宁说："这个绿卡对于我的作用并不那么大，不过它有一个很重要的象征性的意义，我相信以后用这个绿卡的方法，中国可以吸引很多很多优秀的人才来。"杨振宁还说："假如我 1945 年离开的中国是旧中国的话，假如我 1971 年回来所看见的是新中国的话，那么到了 21 世纪，这个中国是一个新的新中国。在这个情形之下，我回来的心情是一个我要加入一个欣欣向荣、正在崛起而有非常好的前途的一个大的事业，我希望能够在这个大事业里头，做一些我自己所能做的小贡献。"

在大科学时代，科学家作为智囊或是作为某一方面的领导人物直接参与到政治之中是20世纪以来世界科学发展史上的普遍现象。新中国成立后，执政党敏锐地看到了科学技术的巨大力量和极端重要性，由此一大批科学家进入国家体制之内，以实现"科学为人民服务"的宏愿。钱三强就是如此。他在新中国科学事业创建与发展的诸多重大事件和关键点上都发挥了十分重要的作用。

钱三强是怎样向党中央
建言献策的？

钱三强是著名核物理学家，"两弹一星"元勋功勋奖章获得者，为新中国原子能事业的发展做出了重要贡献，被誉为是"中国原子弹之父"。"文革"以后，除中国科学院副院长、特别顾问（1984年后）的职务与头衔外，钱三强还有两个政治身份。第一，他于1980年3月当选中国科协副主席，1987年连任，并于1990年与钱学森一起被选为中国科协名誉主席。第二，从1983年起，他开始担任第六届全国政协常委，并于1988年连任，担任第七届全国政协常委。出于对国家发展的关心、自身职业习惯和政治身份，钱三强非常关心国家改革发展动向，积极动员科技界老一辈科学家的力量，就事关全局的重大事项或政策，通过向国家领导人写信等方式，与中央高层互动，发表看法，提出建议与对策，得到了中央高层的重视，为推动科技体制与科技政策改革，推动国家决策的科学化和民主化，发挥了重要的作用。

为中共中央书记处讲课

1980 年 3 月 15 日，中国科学技术协会第二次全国代表大会在北京举行。时任中共中央总书记胡耀邦到会讲话，他代表党中央号召全党认真学习现代科学技术知识，推进四个现代化建设。他说"我代表中央书记处正式向在座的科学家报名，准备邀请你们中的一些同志当我们的老师。"

对于胡耀邦的这一指示，中央书记处迅速跟进。在中央书记处的支持下，拟定了科学家讲课方案。首讲引人注目，讲课质量关系到后续讲座的开展，因此对首讲人选的确定，中央书记处和中国科协是动了脑筋的。最后，这个首讲的任务就交给钱三强了。

钱三强本来就对科学技术史感兴趣，并对中国科学技术史学科的发展做出了重要贡献，他请来中国科学院自然科学史研究所的仓孝和、许良英、李佩珊、杜石然几位科学史专家作为合作者，共同讨论和撰写讲稿。

经过充分的准备，7 月 24 日，钱三强在中南海向中央书记处和国务院领导作题为《科协技术发展的简况》的首场科学技术讲座。胡耀邦、万里、谷牧、方毅、余秋里、韦国清、彭冲、陈慕华、姬鹏飞、杨静仁等领导人出席。讲座开始前，胡耀邦首先讲话，他说："党中央号召向科学进军。要把这个号召变为亿万人民扎扎实实的自觉行动，要动员我国人民大踏步地向科学进军，发展科学事业，首先我们书记处带个头，老老实实学习科学技术。我们都感到自己的科学知识太少，很需要向专家们学习。今天是个开始，以后要不断拜专家为师。"

这次讲座很成功，钱三强讲到的很多话题都引起了国家领导人的极大兴趣，引发的讨论也很热烈，整个讲座持续了三个多小时。但当时官方媒体并没有对这次讲课进行过多的宣传，只是新华社编发了钱三强讲课的消息通稿，《半月谈》1980年第7期刊发了记者于有海撰写的《中央书记处的同志听课侧记》一文，对当天的情况进行了生动的记述。

7月26日，钱三强的讲课稿《科学技术发展的简况》首先在《红旗》杂志全文刊出，随后许多重要报刊作了转载。继钱三强第一讲之后，华罗庚主讲了《数学在现代化建设中的作用》，吴仲华、王淦昌、鲍汉琛合讲了《从能源科学看解决能源危机的出路》，马世俊、刘静宜、汤鸿霄合讲了《现代化与环境保护》，徐冠仁、侯学煜合讲了《现代科学技术与农业现代化》，涂光炽、叶连俊合讲了《资源和资源的合理利用》，冯康等主讲了《计算机和新的科学技术革命》等共十讲。这些讲座，对于振奋整个科技界的精神，鼓舞士气，普及科学技术知识，推动科学技术事业发展等，起到了应有的作用。此后，钱三强应邀在北京、天津、安徽等地就此主题作报告，受到普遍欢迎。

最早建议建立中国工程院

改革开放以后，科学技术日益渗透到国家建设的方方面面，尤其是工程技术的作用得到了更多更大的体现。在这一背景下，仅有以侧重基础研究的中国科学院已显不够，国家和社会的巨大需求，使得成立一个国家层面的关于工程技术的最高学术机构的呼声越来越高。有着丰富的大科学工程管理经验的钱三强，就是最早向国家呼吁此事的有识之士之一。

1986 年春，时任第六届全国政协常委的钱三强在出席政协六届四次会议时，与科技界委员就有关工程技术工作展开了热烈的讨论，一致认为应当适应形势发展的需要，成立国家最高工程技术机构，以促使我国工程技术事业更好地为现代化建设服务。就在本次会议上，钱三强"与茅以升、侯祥麟、罗沛霖、徐驰、李苏、顾毓琇等（共 83 人）联合署名提案《关于工程技术工作在国家事务中的地位》，呼吁重视工程技术工作，提高工程技术和工程师的地位和影响，建议建立国家最高工程技术的学术机构（即后来成立的中国工程院）"。这份建议书是改革开放后我国科技界最早呼吁提高工程技术及工程技术人员的地位，建立国家最高工程技术学术机构的建议之一。

其实，重视并发挥工程技术及工程技术人员的作用是钱三强的一贯思想，至少从 20 世纪 50 年代领导中国原子能事业开始，钱三强就十分重视科学发展与工程技术的结合。杨桢在一篇纪念文章里对此有过深刻阐述，他说："很多追忆钱先生的报告，都提到他作为实验物理学家却能十分重视理论工作这一特点。然而，很少有人提到，钱先生曾一再强调实验物理领域中物理和工程技术相结合的重要性。这是他在实践中，尤其是考察了列宁格勒的物理工程研究所成功地培养了大量近代物理工作者的情况后得出的重要结论。……我国尖端科学脱离了早期的'手工业'方式，达到高度现代化，在这点上钱先生的功绩也是不可磨灭的。"由此可见，在改革开放的大背景下，钱三强主张建立国家最高工程技术学术机构是他一贯思想的延续与实践。

就发展微电子事业向中央提出建议

众所周知，微电子技术是随着集成电路，尤其是超大型规模集成电路发展起来的一门新技术。尽管"文革"之前我国在此领域已有一定的基础，但到了 20 世纪 80 年代，面对世界新技术革命浪潮中微电子行业的迅猛发展，我们已经远远地落在了发达国家的后面。在此情况下，国家高层开始谋划如何发展我国的微电子行业。

钱三强与我国电子技术的发展有着极深的渊源。20 世纪 50 年代初，中国科学院决定发展电子学，成立了由陈芳允负责的电子学研究所筹备处。而此时由钱三强任所长的近代物理研究所也有一个核电子学小组，但只有五六人，力量比较薄弱。钱三强想借助电子学所的筹备来促进两方面共同发展，他请求科学院领导把电子学所筹备处先合并到近代物理所，他的这一要求和建议得到批准。后来的发展表明，在钱三强的推动下，不仅陈芳允领导的电子学取得了长足的发展，并于 1956 年独立建所，而且近代物理所核电子学也得到了发展，实现了钱三强最初的"双赢"设想。对此，陈芳允对钱三强心存感激，并有详细的追忆文字。

正是这种渊源使钱三强对我国微电子行业的发展十分关心。1986 年 5 月底 6 月初，他和王守武、林兰英、沈华生、陈肇博、黄敞联名写信给赵紫阳和国务委员张劲夫，对我国"七五"期间发展微电子事业提出建议。6 月 10 日，国务院信访局致函六人称，"建议"已刊登《信访简报》报送中央领导同志。

就国家核电事业发展上书江泽民和李鹏

从 20 世纪 60 年代后期开始，在核弹技术已经取得突破的情况下，在周恩来总理的关心下，发展核电开始进入国家视野。改革开放后，面对快速增长的能源需求，发展核电开始进入到实施阶段，秦山、大亚湾核电站相继开工建设。然而，一直到20世纪80年代末，核电事业发展缓慢，且无长远发展规划。这种状况引起了包括钱三强在内的老一辈核能人的忧虑。1990年2月28日，钱三强和李觉、姜圣阶、王淦昌联名上书江泽民、李鹏，就如何把发展我国核电事业纳入国民经济整体发展规划，切切实实进行研究和落实，使它为解决下一世纪中国能源问题做贡献提出建议。该信写道：

> 如何把发展我国核电事业纳入国民经济整体发展规划之中，切切实实地进行研究和落实，使它能为解决下一世纪中国能源问题做出积极贡献。这样一个带有战略性的问题，是业务部门，特别是在当前资金平衡比较困难的情况下，所难以考虑的。……更使我们担忧的是，近期如不利用已有的核科技队伍，通过核电工程培养新人，到"八五"后期，就会出现人才断层，将丧失发展核电的良机……我们建议：一、发展核电一定要有战略决心和长远打算，及早制定我国核电发展中长规划……二、尽快落实核电发展资金，建立稳定的核电建设资金渠道。

　　从此信可以看出，钱三强等既指出了发展核电的战略意义和面临的主要问题，又为国家核电事业发展提出了建设性的建议。正因为此信实事求是，内容中肯，因而得到了江泽民的高度重视。3 月 26 日，江泽民就钱三强、李觉、姜圣阶、王淦昌四人联名信给李鹏写批语："李鹏同志：此信来了多时，由于忙于召开六中全会和去朝鲜未能及时转给你，可否请批转有关部门研究，然后给这四位专家一个回复。"4 月 30 日李鹏亲自就此信给四人回信，阐述国家核电事业发展规划，并对四人的建议表示感谢。由此可见，这封信在国家决策中发挥了十分重要的作用。

就中断十年之久的增选学部委员问题上书李鹏

　　"文革"期间，学部委员绝大部分都遭到不同程度的批判，各学部被取消，学部活动完全停止。"1979 年春，经中共中央和国务院批准，中国科学院正式恢复了已停顿多年的学部活动，并立即着手增补学部委员，筹备召开第四次学部委员大会等一系列工作。"而"在中国科学院领导成员分工中，钱三强负责恢复学部活动和筹备增选学部委员工作"。这一安排是与钱三强的领导经历有关的，如本文第一章所述，1955 年中国科学院学部正是在钱三强任秘书长的学术秘书处的具体组织领导下成立的。就此而论，中国科学院学部的"诞生"和"新生"都与钱三强的组织和领导密切相关。

1979 年 1 月 23 日，钱三强出席中国科学院在京学部委员春节茶话会，会上很多学部委员都对学部的现状表示了忧虑，认为学部委员年龄偏大、结构老化和青黄不接的现状亟待改变，否则会影响到我国科技事业的健康发展。据统计，"过去先后选聘的 190 名自然科学方面的学部委员，有三分之一以上已经去世。尚健在的 117 名学部委员的平均年龄已超过 73 岁。"因此，就当时的情况而言，增补学部委员就成为恢复学部活动的先决条件，这项工作也成为当时中科院一项重大而紧急的任务。为此，接下来的一年多时间里，在钱三强的领导下，中国科学院为学部委员的增选做了大量工作。5 月 17 日至 21 日，钱三强与李昌、严济慈等主持召开了中科院各学部常委联席会议，就增补学部委员工作广泛征求意见，进行研究和讨论。会后，钱三强主持起草了上报国务院的"中国科学院关于增补学部委员的报告"，并主持拟定了"中国科学院学部委员增补办法"。报告及增补办法很快上报给了国务院，国务院在 7 月 10 日批转了这个报告。随后，在钱三强的主持下，以中国科学院的名义向全国自然科学研究机构、高等院校、中国科协所属学会和全体学部委员发出增补中国科学院学部委员的通知。至此，"文革"结束后的学部委员增选工作正式开始。

在上述准备工作的基础上，1980 年 3 月 15 日至 23 日，"文

革"后的第一次全体中国科学院学部委员会议（实际共有 84 名
学部委员出席）在北京召开，钱三强主持了本次会议。会议重新
讨论了中国科学院学部的性质、任务、机构和章程等问题，并为
增选学部委员做了大量的准备工作。"经过各方面推荐，并经学
部委员会议多次酝酿、评审，选出 376 人作为正式候选人"。同
年 11 月 26 日，中国科学院学部委员分学部采取差额选举和无记
名投票的方法，正式选举新的学部委员，钱三强参加了数学物理
学部的投票选举。结果选举产生新的学部委员 283 人，其中数学
物理学部 51 人、化学部 51 人、生物学部 53 人、地学部 64 人、
技术科学部 64 人。在此基础上，次年 5 月 11 日，中国科学院召
开第四次学部委员大会，明确学部委员大会是中国科学院的最高
决策机构，选举中国科学院主席团，并由中国科学院主席团在
其成员中推选院长和副院长。在这次大会上，钱三强再次当选
中国科学院副院长，并任主席团成员、数学物理学部主任。至
此，钱三强主持的"文革"后首次学部委员增选工作结束。

"文革"后，学部委员制度的恢复和第四次学部委员大会的
召开，意义重大而特殊。这一过程中，对中国科学院乃至整个中
国的科技领导体制和管理体制进行诸多有意义的探索，尤其是将
学部委员大会作为中国科学院的最高决策机构，被认为是"中国
科学院领导体制上的一次大调整，是体现学部委员的学术领导权
的一种新体制"，尽管这种"新体制"在 1984 年因实际操作中的

困难等原因被院长负责制所取代。

然而，1980 年增选学部委员之后，此项工作便中断了长达十年之久。十年内不增选学部委员，带来的问题是很严重的。到 20 世纪 80 年代末，学部委员的老龄化问题甚至比 1980 年增选时更为严重，322 名学部委员的平均年龄已超过 75 岁，科技界普遍对此反应强烈。在历史发展的关节点上，钱三强再次为增选学部委员并完善学部委员制度发挥了关键作用。

1989 年 5 月 7 日，钱三强就科技界普遍关心的又中断十年之久的增选学部委员问题，致信时任国务院总理李鹏，吁请重视。信中写道：

> 上月全国政协会议上和近日参加钱正英副主席主持的关于知识分子政策问题专题组讨论，许多政协委员对我国人才"断层"问题深表关切和担忧。人才断层不仅表现在中层，还表现在高层，例如代表我国最高学术荣誉称号的中国科学院学部委员，也面临这种状况。……
>
> 增选学部委员不仅有迫切需要和普遍要求，而且也完全具备条件。

在这封千余字的长信里，钱三强言辞恳切，内容丰富，既指出了当时学部委员制度面临的问题，又为增补学部委员提出了可行性的具体建议；这一方面体现了钱三强的全局意识和战略眼光，又体现了他细致入微、注重可行性和操作性的严谨精神。这封信是通过钱正英呈递李鹏的。其时，钱正英是全国政协副主席，钱三强是全国政协常委，工作性质的缘故使他们与知识分子接触较多，对这一问题的认识也更加深入。

此信得到了李鹏的高度重视。李鹏在审阅此信后，于6月2日就增选学部委员问题，约请中国科学院院长周光召和政协副主席钱正英到中南海办公室听取情况汇报和商讨，研究决定以中国科学院名义向国务院写增选学部委员的报告正式报批。9月26日，国务院第69次常务会议，讨论通过了中国科学院、国家科委联合上报的关于增选中国科学院学部委员的报告，批准此次在全国范围增选200名左右新的学部委员，并决定此后实行两年一次的正常增选学部委员制度。由此，结束了学部委员增选工作又停顿十年的状况，并且使学部工作走上了正常化、规范化发展的轨道。

就改进科技人员工作和生活条件向中央提出建议

20世纪80年代以后，在经济体制改革的促动下，商品经济大潮涌动全国，下海、经商成为时髦。而科技、教育体制改革相对滞后，受此影响，以科技人员和教师为代表的脑力劳动者的经济收入和社会地位相比较而言明显下降，以致社会上流传着"造原子弹的不如卖茶鸡蛋的，拿手术刀的不如拿剃头刀的"这样具有讽刺意味的民谚。知识被轻视、人才被轻视的局面不仅引起了广大知识分子的不满，也引起了很多有识之士对国家长远发展的忧虑。提高知识分子的待遇和地位，改革科技、教育体制的呼声越来越高。全国政协本来就是知识分子汇聚的地方，这种呼声在全国政协的讨论中也表现得最为明显。

为顺应广大政协委员的呼声，全面调研知识分子及知识分子政策的现状，为中央的改革措施提供建议，经 1990 年全国政协七届三次会议讨论，经李先念（时任全国政协主席）、王任重（时任全国政协副主席）批准，成立了全国政协知识分子政策问题专题研讨组，全国政协副主席钱正英任组长，钱三强、张文寿、谢华任副组长。专题小组成立后，就知识分子政策问题深入企业、学校、科研院所进行了广泛的调研，形成了多个有关知识分子政策的报告，在中央有关知识分子政策的制定和科技体制改革中发挥了十分关键的作用。其中最重要的一个报告是《关于改进科技人员工作和生活条件的建议》。该报告由专题研讨组调研、讨论，反复修改而成，经李先念同意由王任重签发，于 1990 年11 月 24 日以中共全国政协党组名义上报党中央。

其实就在这个报告上报中央的三个月前，也就是 1990 年 8月 14 日，中央已经下发了《中共中央关于进一步加强和改进知识分子工作的通知》。该通知是在经历了 1989 年"政治风波"之后，中共中央再次阐明知识分子政策的总体原则和方针政策。钱三强曾于 6 月 18 日参与讨论了该通知的送审稿。而全国政协上报的《关于改进科技人员工作和生活条件的建议》，则是全国政协对中央通知的回应，主要是就如何将通知精神落到实处向中央提出建议。报告建议首先在中国科学院、中国医学科学院、中国农业科学院及北京大学、清华大学、复旦大学、上海交通大学、西安交通大学等进行试点，通过试点示范在全国推广。

这个报告是当时全国政协工作的一个亮点工作，并在中共中央的知识分子政策中发挥了重要作用。1991 年 1 月初，全国政协知识分子政策问题专题研讨组全体会议召开，总结该组半年来的工作，会议由组长钱正英主持。1 月 18 日政协专门委员会简报（第 2 期）以"知识分子政策问题专辑之六"作内部报道。报道如下：

　　钱正英副主席说，通过大家的努力，我们完成了《关于改进科技人员工作和生活条件的建议》，先念、任重同志对《建议》非常重视，在建议上报中央的同时，分别写信给江泽民、李鹏同志，建议中央直接听取我们的调查汇报，并认真研究一下落实知识分子政策问题。……钱三强副组长说，在正英同志领导下，我们小组在工作上以小促大，虚实结合，工作方针正确，方法对头，取得了较好的效果。

由此可以看出，全国政协党组和主要领导对该报告是非常满意的，该报告也无疑在国家人才政策的制定中发挥了积极的作用。

钱三强建言献策的现实启发意义

改革开放以后，如何进行四个现代化建设，如何进行包括科技体制在内的全方位的体制机制改革，是中国高层一直在思考的重大理论和战略问题。在邓小平"摸着石头过河"战略思想的指导下，中共高层广开言路，广纳谏言，尤其是善于听取有着丰富组织领导经验的社会各行业知名人士的意见和建议。中国共产党的这一政治智慧也正是钱三强等科学家能在其晚年频繁向中央上书的宏观政治环境。

就钱三强等老一辈科学家而言，他们的人生经历了旧中国的衰败和新中国的独立自主，新旧社会的对比、丰富的人生阅历和新中国成立后中国共产党卓有成效的思想改造和思想教育，使他们有着强烈的爱国情怀和科技强国的崇高使命。尽管他们大多数经历了"文革"十年的苦难，但改革开放后强有力的"拨乱反正"政策，使他们更加认同改革开放的治国之路。因此，爱国情怀和强国使命感可以看作是老一辈科学家在"文革"后积极参政议政的内在动力机制。就钱三强而言，新中国成立后丰富的科技组织管理经历、"文革"后特殊的社会地位和遇事不愿袖手旁观的耿直性格，更加促使他不但有能力而且有条件不断地向中央高层建言献策。

从钱三强参政议政、建言献策的内容来看，几乎全都集中在科技领域。这种只在自己熟悉的领域建言献策、发表言论的行为和做事风格是非常令人赞许和钦佩的，或许这也是钱三强一直为人称道的一个重要原因。在"名人"满天飞、"专家"跨领域大放厥词的现时代，钱三强这种只在本行发言的做法和精神，更显时代价值和启发意义，这也是我们考察钱三强晚年政治参与活动的意义所在。

总结钱三强在"文革"之后的科学活动和贡献，可以发现，一方面他彻底转型为科技事业的管理者，发挥了特殊作用；另一方面他还转型为软科学事业的倡导者、支持者和研究者，为中国软科学事业的发展做出了贡献。钱三强的这种转型具有一定的普遍性，具有特殊的时代背景和时代意义。

纵观新中国成立后我国科学技术发展历程，一方面专业科技人才短缺，这是一个显性问题，国家也通过各种显性方式延揽、培养专业科技人才，因而得到学界较多的关注和研究。问题还有另一方面，即科学技术组织管理人才的遴选、培养却没有得到足够的重视和研究。事实上，科学技术的发展，不仅需要大量优秀的专业科技人才，还需要一大批既有深厚专业背景又具有较高管理才能的复合型人才，后者的重要性在一定意义上并不亚于前者。

中国之所以能够在"文革"前取得以"两弹一星"为代表的重大科技成就，科学家的贡献当然是第一位的，但出色的组织管理工作也不可忽视。"文革"后，中科院乃至中国科技界之所以能迅速走出阴影，科研工作得到恢复发展，除了科技工作者"只争朝夕"的干劲，正确的决策、政策和高效的组织管理也是至关重要的原因。换句话说，兼科学家与科技管理者于一身的"双肩挑"科学领军人才在其中发挥的作用，也要得到应有的重视和评价。

钱三强就是这样一位兼科学家与科技管理者于一身的"双肩挑"科学领军人才。考察钱三强归国后的人生轨迹及其与同时代著名科学家的比较，钱三强是从纯粹的科学家成功转型为科技事业领导者与管理者的代表人物。在这一意义上，研究他在"文革"后的科学组织管理活动，对于今天"双肩挑"科技领军人才的培养，无疑是有启发意义的。